幼儿教师礼仪

汪 婕 主编

东南大学出版社
SOUTHEAST UNIVERSITY PRESS
·南京·

内容简介

古老的中华民族源远流长，在五千年的历史长河中，创造了灿烂的文化，形成了高尚的道德准则、完整的礼仪规范和优秀的传统美德。因此，中国被世人称为“文明古国”“礼仪之邦”。本书立足中华礼仪传承，从礼仪总论、师范生礼仪、幼儿教师礼仪、幼儿礼仪等方面循序渐进，结合幼儿师范生的学习特点和专业规划，阐述了礼仪的起源、特征和礼仪修养的途径，并分章节从幼儿师范生、幼儿教师、幼儿等主体出发，归纳整理出其礼仪教育的意义及重点内容等。

本书可作为各类幼儿师范院校相关课程教材，也可供幼儿教育工作者和相关从业人员自学、参考使用。

图书在版编目(CIP)数据

幼儿教师礼仪 / 汪婕主编. --南京：东南大学出版社，2020.9（2024.8 重印）

ISBN 978-7-5641-8335-6

Ⅰ.①幼… Ⅱ.①汪… Ⅲ.①幼教人员－礼仪－幼儿师范学校－教材 Ⅳ.①G615

中国版本图书馆CIP数据核字(2019)第047629号

幼儿教师礼仪

You'er Jiaoshi Liyi

主　　编　汪　婕
出版发行　东南大学出版社
地　　址　南京市四牌楼2号（邮编：210096）
出 版 人　江建中
经　　销　全国各地新华书店
印　　刷　江苏凤凰数码印务有限公司
开　　本　787 mm×1092 mm　1/16
印　　张　11
字　　数　201千字
版　　次　2020年9月第1版
印　　次　2024年8月第4次印刷
书　　号　ISBN 978-7-5641-8335-6
定　　价　40.00元

本社图书若有印装质量问题，请直接与营销部联系。电话(传真)：025-83791830。

序

礼仪是人们步入文明社会的“通行证”。人类自诞生那天起，便开始了对文明与美的追求。人类区别于动物的最显著的特征就是人的社会性，礼仪体现了人类社会不断摆脱愚昧、野蛮和落后，以及整个社会的进化程度，也是一个国家、一个民族进步开化与兴旺的标志。“仓廪实而知礼节”，随着改革开放的深入，社会生产力的不断发展，物质生活条件的逐步改善，社会文明程度的日益提高，在开放的社会系统中，每个社会组织和个人都需要在广泛的、频繁的社会交往中谋求自身的发展，争取事业的成功。而礼仪，是一个人形象最好的表达。彬彬有礼、温文尔雅、落落大方、知书达理的个人形象是社会文明进步的标志，也应该是全社会公民的共同追求。

我国作为东方文明古国和东方文化的发源地，素有”礼仪之邦”的美誉。数千年对文明的不懈追求，形成了丰富多彩的东方文化和完备的礼仪体系。而西方文明注重尊重个人、女士优先、交际务实的特点，让现代礼仪更加注重人际交往的成功，对人际交往的行为有了更加严格的规范。作为未来的教师，师范毕业生今后的工作是教书育人。教师的职业特点是以人格来培养人格，以灵魂来塑造灵魂，因而自身形象、文化修养、专业技能、人格魅力就是师范学生在校应该修炼的功课。熟知并掌握相关礼仪知识，接受系统的礼仪学习及其培训，不仅可以提高个人内在的文化修养、道德品质和思想境界，而且有利于培养优雅的气质和优美的仪表风度，提高师范生的人际交往能力。这些对塑造师范生具备未来教师的良好职业形象和职业素养都是极为有益的。

国内关于中华礼仪的优秀读物虽相对较为丰富，但尚缺乏符合师范生培养特点的教师礼仪教材。教材内容秉承了“立德、尚美、笃学、敏行”的精神，基于当前学前专业师范生人才培养规格，对应未来幼儿教师基本职业素养的有机组成部分，希冀融合礼仪教育内涵来助力培养新时代师范学子。

教材编写体系活泼，各章节均包含学习内容、学习目标、案例导读、延伸阅读等模块，且图文并茂。教材立足中华礼仪传承，从礼仪总论、师范生礼仪、幼儿教师礼仪、儿童礼仪等方面循序渐进，结合幼儿师范生的学习特点和专业规划，阐述了礼仪的起源、特征和礼仪修养的途径，并分章节从幼儿师范生、幼儿教师、儿童等主体出发，归纳整理出其礼仪教育的意义及重点内容。教材符合学生学习认知规律、操作性强，既适合学校课堂教学与实训安排，也适合幼儿教育工作者等相关从业人员自学、参考使用。

目录

第一章　礼仪总论

【目标导航】

礼立于敬而源于祭。本章主要学习礼仪的起源、特征和礼仪修养的途径，引导学生走入教师的职业礼仪之门。

本章的学习目标：

1. 了解礼仪及教师礼仪的丰富内涵；
2. 激发学生对教师礼仪的学习兴趣。

第一节 礼仪概述

案例导读

公元前521年春，孔子得知他的学生宫敬叔奉鲁国国君之命，要前往周朝京都洛阳去朝拜天子，觉得这是个向周朝守藏室之史老子请教"礼制"学识的好机会，于是征得鲁昭公的同意后，与宫敬叔同行。到达京都的第二天，孔子便徒步前往守藏室去拜望老子。正在书写《道德经》的老子听说誉满天下的孔丘前来求教，赶忙放下手中刀笔，整顿衣冠出迎。孔子见大门里出来一位年逾古稀、精神矍铄的老人，料想便是老子，疾趋向前，恭恭敬敬地向老子行了弟子礼。进入大厅后，孔子再拜后才坐下来。老子问孔子为何事而来，孔子离座回答："我学识浅薄，对古代的'礼制'一无所知，特地向老师请教。"老子见孔子这样诚恳，便详细地抒发了自己的见解。

回到鲁国后，孔子的学生们请求他讲解老子的学识。孔子说："老子博古通今，通礼乐之源，明道德之归，确实是我的好老师。"

（摘自https://ishare.iask.sina.com.cn/f/33sFQ0WjZkG.html，有改动）

案例分析

以上文字中哪些词语体现了"礼"的含义？

“礼仪”是“礼”和“仪”的结合。“礼”即为礼貌、礼节，是对人们进行社会交际的最起码的要求；“仪”是指仪表、仪态，是一个人内在的修养和素质的外在表现。合二为一，礼仪是在社会交往中，以一定的、约定俗成的程序方式来表现的律己、敬人的过程。礼仪大致可以分为政务礼仪、商务礼仪、服务礼仪、社交礼仪、涉外礼仪五大分支。

要真正了解礼仪，首先要了解礼貌、礼节、礼仪三者的关系。从本质上说，三者都意味人们交往中相互表示尊重、友好的行为。

礼貌是指人与人之间和谐相处的意念和行为，是言谈举止对别人尊重与友好的体现，在一个人的待人接物中，表现为整洁的仪容仪表、大方的仪态以及得体的言谈举止。

礼节是表示对他人尊重与友好的外在行为规范，是礼貌在语言、行为、仪态等方面的具体体现。文化习俗的不同使得各国礼节有所区别，中国古代的作揖，现代通用的握手，欧美国家的拥抱、亲吻都是见面礼的表示方法。没有礼节，就无所谓礼貌；有了礼貌，就必然伴有具体的礼节。

礼仪的文化内涵要相对深一些，而且多用于规模较大或较为隆重的场合。随着社会交往的扩大，人们的交往活动变得越来越频繁，越来越深入。礼节也随之变得越来越复杂，于是一些礼节逐渐变得形式化和程序化，这就是礼仪。

由此可见，礼貌是礼仪的基础，礼节是礼仪的基本组成部分。

一、礼的起源与发展

中国有着悠久的历史，是世界四大文明古国之一，素有“礼仪之邦”的美誉。作为中国传统文化的重要组成部分，礼仪文明对中国社会历史发展有着深远的影响。礼仪的发展史大致可以分为萌芽与形成时期、古代礼仪发展时期、古代礼仪强化时期、古代礼仪变革时期、现当代礼仪时期五个时期。礼仪的形成和发展，经历了一个从无到有、从低级到高级、从零散到完整的渐进过程。

（一）萌芽与形成时期

在长达100多万年的原始社会历史中，人类逐渐走向开化。生活在距今约1.8万年的北京周口店山顶洞人，就已经知道打扮自己。他们用穿孔的兽齿、石珠作为装饰品，挂在脖子上。他们在去世的族人身旁撒放赤铁矿粉，举行原始宗教仪式，礼仪的萌芽产生了。

人类进入新石器时期后，开始制作精细的磨光石器，并且从事农耕和畜牧，原始礼仪渐具雏形。在今西安附近的半坡遗址中，发现了生活距今约5 000年的半坡村人的公共墓地。

墓地中坑位排列有序，死者的身份有所区别，有带殉葬品的仰身葬，还有无殉葬品的俯身葬等。此外，仰韶文化时期的其他遗址及有关资料表明，当时人们已经注意尊卑有序、男女有别。长辈坐上席，晚辈坐下席；男子坐左边，女子坐右边等礼仪日趋明确。可以说，这个时期产生了礼仪的雏形。

进入青铜时代之后，金属器具的使用，使农牧业、手工业生产水平跃上一个新台阶，开始向早期奴隶社会过渡。在此期间，尊神活动升温，“礼仪”的起源与古人的敬神活动有关。“礼”的中文繁体字写作“禮”。它左边指神明；右边上半部分的“曲”，是指酿酒中的酒曲，下边的“豆”是祭祀的器具。所以，“礼”的整个意思是表示祭祀神灵和祝福。远古人类祭祀、崇拜、赞颂神灵和祖先，期望多为人类赐福，少降灾难，并形成了宗教仪式，这就是原始的礼。

随着时代的发展、知识的丰富，人们的认识水平不断提高，礼仪也被作为典章制度和道德化教育使用。西周时期的《周礼》是我国历史上第一部记载“礼”的书籍。人们通常认为，《周礼》和《仪礼》是周公的遗典，它们与其释文《礼记》，被后世称为“三礼”，是我国古代重要的礼仪学专著。在西周，青铜礼器是个人身份的表征，而相见礼和婚礼成为定式，流行于民间。此外，尊老爱幼等礼仪，也已明显确立。

（二）古代礼仪发展时期

春秋战国时期是我国由奴隶社会向封建社会转型的时期。在此期间，学术界百家争鸣，相继出现孔子、孟子、荀子等思想巨人，他们发展并革新了礼仪理论。

孔子是中国古代大思想家、大教育家，他首开私人讲学之风，打破贵族垄断教育的局面。他删《诗》《书》，定《礼》《乐》，赞《周易》，修《春秋》，为历史文化的整理和保存作出了重要贡献。孔子把“礼”看成是治国、安邦、平定天下的基础，第一次在理论上全面而深刻地论述了礼仪规范。他编订的《仪礼》，详细记录了战国以前贵族生活的各种礼节仪式，是中国古代最早、最重要的礼仪著作。在个人的行为规范上，孔子认为，“不学礼，无以立”，“质胜文则野，文胜质则史。文质彬彬，然后君子”。他要求人们用道德规范约束自己的行为，要做到“非礼勿视，非礼勿听，非礼勿言，非礼勿动”。他倡导的“仁者爱人”，强调人与人之间要有同情心，要互相关心，彼此尊重。总之，孔子较系统地阐述了礼及礼仪的本质与功能，把礼仪理论提高到了一个新的高度。

孟子是战国时期儒家的主要代表人物。在政治思想上，孟子把孔子的“仁学”思想加以发展，提出了“王道”“仁政”的学说和“民贵君轻”说，主张“以德服人”；在道德修养方面，他主张“舍生而取义”，讲究“修身”和培养“浩然之气”等。

荀子是战国末期的大思想家。他主张“隆礼”“重法”，提倡礼法并重。他说：“礼者，贵贱有等，长幼有差，贫富轻重皆有称者也。”荀子指出：“礼之于正国家也，如权衡之于轻重也，如绳墨之于曲直也。故人无礼不生，事无礼不成，国家无礼不宁。”他认为“礼”既是目标、理想，又是行为过程。

（三）古代礼仪强化时期

礼仪在封建社会时期得到了全面的发展与强化。公元前221年，秦王嬴政吞并六国，统一中国，建立起中国历史上第一个中央集权的封建王朝。秦朝制定的集权制度，成为后来延续两千余年的封建体制的基础。西汉初期，汉高祖刘邦制定了朝礼之仪，突出发展了礼的仪式和礼节。西汉思想家董仲舒，把封建专制制度的理论系统化，提出古代礼仪“唯天子受命于天，天下受命于天子”的“天人感应”之说。他把儒家礼仪具体概括为“三纲五常”，被人们视为日常行为的礼仪准则。

汉代时，孔门后学编撰的《礼记》问世。《礼记》共计49篇。其中：有讲述古代风俗的《曲礼》；有谈论礼的发展演变和运用的《礼运》；有记录家庭礼仪的《内则》；有记载服饰制度的《玉藻》；有论述师生关系的《学记》；还有教导人们道德修养的途径和方法，即“修身、齐家、治国、平天下”的《大学》等。总之，《礼记》堪称集上古礼仪之大成，是封建时代礼仪的主要源泉。

盛唐时期，《礼记》由“记”上升为“经”，成为儒教三经之一。

宋代时，出现了以儒家思想为基础，兼容道学、佛学思想的理学，以程颢和朱熹为其主要代表。二程认为，“父子君臣，天下之定理，无所逃于天地之间”，“礼即是理也”；朱熹进一步指出，“仁莫大于父子，义莫大于君臣，是谓三纲之要，五常之本。人伦天理之至，无所逃于天地之间”。朱熹的论述使二程“天理说”更加严密、精致。

北宋司马光所编的《涑水家仪》和南宋朱熹的《朱子家礼》，是对后世影响较大的两部居家礼仪规范著作，强调父母的言传身教，注重礼仪教育、启蒙知识和日常生活行为的结合。

明代时，交友之礼更加完善，而忠、孝、节、义等礼仪日趋繁多。

（四）古代礼仪变革时期

满族入关后，逐渐接受了汉族的礼制，并且使其复杂化，导致一些礼仪显得虚浮、繁琐。例如清代的品官相见礼，当品级低者向品级高者行拜礼时，动辄一跪三叩，重则三跪九叩。清代后期，清王朝政权腐败，民不聊生，古代礼仪盛极而衰。而伴随着西学东渐，中国礼仪逐渐受到西方文化的影响。北洋军阀时期的陆军便采用西方军队的举手礼等，以代替不合时宜的打千礼等。

1911年末，清王朝土崩瓦解，当时远在美国的孙中山先生火速赶回祖国，于1912年1月1日在南京就任中华民国临时大总统。孙中山先生和战友们破旧立新，用民权代替君权，用自由、平等取代宗法等级制；普及教育，废除祭孔读经；改易陋俗，剪辫子、禁缠足等：正式拉开从古代礼仪向现当代礼仪的变革帷幕。

西方资产阶级"自由、平等、民主、博爱"的思想被引进中国，中国传统的礼仪规范、制度受到强烈冲击。五四新文化运动对腐朽、落后的礼教进行了清算，符合时代要求的礼仪被继承、完善、流传，原来的繁文缛节逐渐被抛弃，同时接受了国际上通用的礼仪形式。新的礼仪标准、价值观念得到推广和传播，极大地推进了古代礼仪向现当代礼仪的变革进程。

（五）现当代礼仪时期

新中国成立后，中国的礼仪建设进入一个崭新的历史时期。在此期间，昔日束缚人们的"神权天命""愚忠愚孝"以及严重束缚妇女的"三从四德"等封建礼教被彻底废止，男女平等的新型社会关系和同志形式的互助合作关系被确立了下来。尊老爱幼、讲究信义、礼尚往来、先人后己、以诚待人等传统中国礼仪的精华，得到继承和发扬。

改革开放后，中国的礼仪建设进入新的全面复兴时期。从推行文明礼貌用语到积极树立行业新风，从开展18岁成人仪式教育活动到制定市民文明公约，各行各业的礼仪规范纷纷出台，岗位培训、礼仪教育日趋红火，讲文明、重礼貌蔚然成风。《公共关系报》《现代交际》等一批涉及礼仪的报刊应运而出，《中国应用礼仪大全》《称谓大辞典》《外国习俗与礼仪》等介绍、研究礼仪的图书、辞典、教材相继问世。广阔的华夏大地上再度兴起礼仪文化热，具有优良文化传统的中华民族又掀起了精神文明建设的新高潮。可以预见，随着社会的进步、科技的发展和国际交往的增多，礼仪必将得到新的完善和发展。

二、礼的本质与特征

中国文化中的礼，内涵非常丰富。著名礼学家钱玄先生曾说过，中国的"礼"，实质上就是中国文明尤其是儒家文化体的总称。给中国的"礼"下个定义，它的本质含义应有以下几层意思：

（一）礼，是文明

礼是人类区别于动物的根本特征，《礼记·冠义》云："凡人之所以为人者，礼义也。"以人类的饮食为例，《礼记·曲礼》中记录了一段关于饮食的礼仪："共食不饱，共饭不泽手。毋抟饭，毋放饭，毋流歠，毋咤食，毋啮骨。毋反鱼肉，毋投与狗骨。毋固获，毋扬饭。饭黍毋以箸，毋嚃羹，毋絮羹，毋刺齿，毋歠醢……濡肉齿决，干肉不齿决，毋嘬炙。”意思是，大家一起吃饭，不要只顾着自己吃饱，要注意谦让；一起吃饭的时候，要注意手的卫生，因为那个时代吃饭是不用箸的，只用手抓饭吃，如果开始不洗手，临到吃饭时才两手相互拨揉，会弄脏饭食；吃饭不要用手搓捏饭团，不要把多拿的饭又放回食器中，喝汤时不要一口气喝完，不要吃饭吃得啧啧作响，不要在席上啃骨头。鱼肉吃完一面不要翻面，不要把骨头扔给狗，不要吃独食，不要为了贪快而吹扬饭中的热气。吃小米饭不要用筷子(要用勺)。饮羹时不要不加咀嚼连菜吞下，不要当着主人的面给菜羹加调料，不要当众剔牙，不要喝肉酱调料……吃煮烂的肉可以用牙齿咬断，干肉不能用牙齿咬断，吃烤肉不要一口吞一大块。吃饭的这些礼仪，其实是人区别于动物的特征之一，那种动物性的饮食习惯(如狼吞虎咽、不顾卫生、不顾他人)，正是礼所针对的改进对象。

礼不仅使人区别于动物，还反映了人类不同群体的文明开化程度。当少数民族的政权入主中原时，常常会采用中原地区先进的礼并为之所化，变夷为夏。所以，礼是文明，是人类进化的标志和方向。

(二) 礼，是秩序

古人认为，天地四时、群物都是各有秩序的，《周易·系辞》云：“天尊地卑，乾坤定矣。卑高以陈，贵贱位矣。动静有常，刚柔断矣。方以类聚，物以群分……”二程认为，“有物必有则”，“则”是宇宙的规律和秩序。出于神秘的感应思想和自然崇拜，古人很早就萌发了“天人合一”的观念。古人认为，世间的等级差别，都是自然产生的，并且实质上对应于宇宙自然规律和秩序。所以，古人才说：“夫礼，天之经也，地之义也，民之行也”“夫礼必本于天，动而之地，列而之事，变而从时，协于分艺”。而儒家思想也认为，礼的本质是对天地变化和秩序的模仿，在人世间处处有所体现，这种表现就是“上下有义，贵贱有分，长幼有等，贫富有度”。

东汉的许慎在《说文解字》中将“礼”解释为“履也，所以事神致福也”，“礼”与“履”互训。其实就是说，“礼”和“履”在上古时候，读音完全相同。对于古代的造字法，读音相同或相近的，本义也往往相近。“履”的本义是什么呢？是践踩、行进、经历，总而言之，即履行、实践。因此，礼是要实践的，古人所以把事神致福的实践活动叫做“礼”。《周易·履卦·象》解释说：“上天下泽，履，君子以辩上下，定民志。”君子在观察天地之时，就明白了天上泽下的自然秩序，并将其在实践中运用到人与人之间的关系中。《周易·序卦》中说：“有天地，然后有万物；有万物，然后有男女；有男女，然后有夫妇；有夫妇，然后有父子；有父子，然后有君臣；有君臣，然后有上下；有上下，然后礼义有所错。”“错”就是措，施行的意思。所以礼是什么呢？礼是“先王以承天之道，以治人之情”的手段，是某种模仿天道而实践的秩序精神。

（三）礼，是法度

只有当一个国家有区别、有秩序时，才是治；无区别、无秩序时，就是乱。因而一个国家的状态，是和谐稳定还是混乱危殆，与国家有没有“礼”息息相关。与世界文明古国一样，当我国古人意识到“礼”作为秩序的普遍性和规范性时，“礼”就很容易地被运用到了国家政治、社会管理中，用以统治、管理和维护宗法社会的稳定。统治阶层通过文献或法典，将礼以制度的形式沿袭下来，甚至赋予其法律效应。一言以蔽之，当区别等级、充满秩序性的礼，被用于国家管理时，就变成了法。

如《周礼》设计的官制，有天、地、春、夏、秋、冬六官（六个部门），象征天地四方六合。六官制度严密，实施时，它就变成了法度，各辖六十职，共计三百六十职，象征天地三百六十度。礼的制度形成后，便世代沿用演化，成为中国古代国家政体的具体模式。像这样模仿自然法则建立起的充满秩序性的法度规章就是礼。《论语·八佾》中所谓“夷狄之有君，不如诸夏之亡也”，因为彼时制度已成，国家管理自然轻松许多，天子才可以“垂拱而治”。

孔子说：“为政先礼。礼，其政之本欤!”荀子说：“礼之于正国家也，如权衡之于轻重也，如绳墨之于曲直也。”礼，是“国之纪”“政之舆”“经国家，定社稷，序民人，利后嗣”的根本。

国家“无礼不宁”。从统治者的角度来看，礼是“法之大分，类之纲纪”。它与同属于国家管理工具的法有相似性，而且礼法并用这种现象是古代中国独创。只不过“礼不下庶人，刑不上大夫”，礼是针对贵族的，法是针对庶民的；而且礼比之法，更有积极正面的引导作用，更能防患于未然，是故“禁于将然之前”；现在一般认为，礼是法的前提，法是礼的后盾，礼与法相辅为用，才能更好地治国安民。

（四）礼，是人类活动的准则和人际交往的方式

人是群居动物，具有自然属性和社会属性。饥而欲食，寒而欲暖，趋利避害，这是保存个体存活的自然属性，所以人才会群居，使种群强大。但是人类群居，在为了满足自我欲望的争夺和趋利避害的同时，又会造成彼此之间的冲突，哪怕兄弟姐妹都不能避免。如果冲突恶化，个体的生存就会受到危害，所以，人类的群居方式，自然会产生等级，这是不能调和的矛盾的产物。其实，等级划分并不是邪恶的现象。绝对的平等自由，目前只能是人类的乌托邦式幻想，所以礼是人类社会发展的实际需要。礼是先哲们根据人类的发展顺势产生和制定的，而且古人们也一直从理论和实践等角度，阐释着“礼”中等级划分的合理性和必要性。

亚里士多德说：“人类所不同于其他动物的特性就在他对善恶和是否合乎正义以及其他类似观念的辨认。”人类种群为了自我的正常繁衍，为了维护群居社会的生存环境的稳定，必然会产生善恶等道德观念，而这种道德观念的出现，其实是人类对于人性的自我管理和调

试。所以，作为规范个体行为的礼，同时也就具有道德上的合理性。故而，在古代中国，“礼”往往被解释为“理”。

对于个体的人来说，礼是基于道德原则的一切活动的准则；对于群体的人来说，礼是人与人之间展开正常有序交往的方式。例如：个人如何服侍父母，如何称呼尊长，如何穿戴服装，如何行走坐卧，都要从伦理道德出发，符合具体的规范；与他人之间的交往，更要讲究秩序和规范。有礼，才是文明、有教养的表现。“朝觐之礼，所以明君臣之义也。聘问之礼，所以使诸侯相尊敬也。丧祭之礼，所以明臣子之恩也。乡饮酒之礼，所以明长幼之序也。婚姻之礼，所以明男女之别也。”其意思是，基于各种道德准则，君臣间应有朝觐之礼，诸侯间应有聘问（外交往来）之礼，亲人间应有丧祭之礼，长幼间应有乡饮酒（按身份年龄聚会宴饮）之礼，男女间应有婚姻之礼。个人的衣食住行、婚丧嫁娶、言谈举止到社会中人与人之间的伦常关系，再到政治体制、朝廷法典、祭祀仪式、军队征战，等等，都有整套方式或准则。所以，孔子说：“非礼勿视，非礼勿听，非礼勿言，非礼勿动。”总之，礼虽然具有一定的强制规范性，但却能实现人与心灵（道德）、人与人之间的和谐融洽。

三、礼的作用与修养

（一）礼的作用

1. 教育作用

礼仪，一方面是人类社会进步的产物，是传统文化的重要组成部分；另一方面礼仪蕴涵着丰富的文化内涵，体现着社会的要求与时代精神。所以，礼仪可通过评价、劝阻、示范等教育形式纠正人们不正确的行为习惯，指导人们按礼仪规范的要求去协调人际关系，维护社会正常生活。让公民都能接受礼仪教育，可以从整体上提高公民的综合素质和社会的文明水平。

2. 沟通作用

礼仪行为是一种信息性很强的行为，通常情况下，每一种礼仪行为都表达一种甚至多种信息。在人际交往中，交往双方如果按照礼仪的统一要求，才能更有效地向交往对象表达自己的尊敬、敬佩、善意和友好，人际交往才可以顺利进行和延续。例如，热情的问候、友善的目光、亲切的微笑、文雅的谈吐、得体的举止等，不仅能唤起人们的沟通欲望，彼此建立起好感和信任，而且可以促成交流的成功和交际范围的扩大，进而更有助于个人和社会事业的发展。

3. 协调作用

不论何种人际交往关系，在维系和促进人与人之间沟通与交往的活动中，礼仪都承担着十分重要的“润滑剂”作用。虽然，礼仪的原则和规范，约束着人们的动机，指导着人们立身处世的行为方式，但如果交往的双方都能够按照礼仪的规范约束自己的言行，不仅可以避免很多不必要的感情对立与矛盾冲突，还可能有助于建立和加强人与人之间相互尊重、友好合作的新型关系，使人际关系更加和谐，社会秩序更加有序。

4. 塑造作用

礼仪强调和谐，非常重视内在美和外在美的统一。礼仪在行为美学方面能指导人们不断地充实和完善自我，并潜移默化地熏陶着人们的心灵，引导人们的谈吐变得越来越文明，促进人们的装饰打扮变得越来越富有时代特征，促使人们的举止仪态越来越优雅，并符合社会大众的审美原则，进而体现出时代的特色和精神风貌。

5. 维护作用

礼仪作为社会行为规范，对人们的行为有很强的约束力，在维护社会秩序方面，礼仪起着法律、道德所起不到的作用。社会的发展与稳定，家庭的和谐与安宁，邻里的和谐，同事之间的信任与合作，都依赖于人们共同遵守礼仪的规范要求。社会上讲礼仪的人越多，社会便会更加和谐稳定。

（二）礼的修养

1. 礼仪的修养，首先要加强道德的修养

其一，遵守公德

道德是分领域和层次的，当前的道德体系中主要包括社会公德、职业道德和家庭美德三个领域。这三者中的社会公德，是维护公共秩序的基本手段，也是整个社会道德体系中的基础层次，以“文明礼貌、助人为乐、爱护公物、保护环境、遵纪守法”为主要内容。

其二，准时守信

随着现代生活节奏的加快和生活内涵的多样化，人们的时间观念越来越强，留给对方的第一印象往往来自时间概念，所以参加各种活动要守时。信守承诺是尊重别人的最直接表现，也是基本礼仪，人们的承诺能否实现也是其在与人交往的过程中，直接影响自身形象的主要内容。

其三，真诚友善

现代社会，崇尚真诚和友爱，需要友善待人，对他人多一点爱心，关心弱势群体等，从日常生活中的每一个微笑开始加强自身的修养，并时时注意审视自己是否真诚踏实。

其四,谦虚随和

“满招损,谦受益。”(《大禹谟》)自满于已取得的成绩,将会招来损失和灾害;谦虚谨慎,时时改掉自己的不足,就能因此而得益。谦虚自古是受人欢迎的美德,社会交往中任何自傲情绪的流露,都有可能成为通向成功的障碍。

其五,理解宽容

宽厚待人是中华民族的传统美德,也是自古一贯的待人处世准则。在社会交往过程中,由于人与人之间发生误解摩擦是在所难免的,应尽量让自己做到真正的宽容,才能成为一个具有积极生活态度和高品位道德观念的人。这是一个和谐社会最应遵守的社会礼仪。

2. 礼仪的修养,强调“博闻多识,言之有理”

博闻多识,加强文化艺术方面的修养,对提高礼仪素质大有裨益。通过书籍、网络等途径广泛阅读艺术作品,学习科学文化知识,可以大大丰富礼仪修养的内涵,提升礼仪品位,不断提高礼仪水平。一般来说,阅读科学性强的书籍以做到言之有理,阅读有一定社会历史内涵的文章以实现语言的思想性,博览各类书籍以增加知识的涉及范围和趣味性,注意修炼精妙的词句以实现语言的生动性。

讲文明、懂礼貌、有教养的人大多是科学文化知识丰富的人。他们逻辑思维能力强,考虑问题周密,分析事物较为透彻,处理事件较为得当,在社会交往时能显示出独有的魅力。中国素有“礼仪之邦”之称,古代、近代、现代的典籍载有浩繁的有关礼仪的知识,而世界各国的礼仪风俗千差万别,有必要注意搜集、整理、学习和领会,以利于在实践中运用,久而久之,能使自己的礼仪修养提到新的高度。

总之,人的礼仪修养的最直接的载体之一是语言文化,应努力提高自身的文化修养水平以做到言之有理。

3. 礼仪的修养,重视在实践中养成

实践出真知,修养是修炼加上培养。现代社会中人与人的交往越来越广泛,仅仅从理论上弄清礼仪的含义和内容是远远不够的。礼仪修养的提高关键在于实践,离开实践,修养就成为无源之水、无本之木。在培养礼仪修养时,要以主动积极的态度,坚持理论联系实际,将掌握的礼节知识积极应用于社会生活实践的各个方面。要在学校、家庭、社会等场合中,时时处处自觉地从大处着眼,从小处着手,以小见大,以礼仪的准则来规范自己的言谈举止。例如,不随地吐痰,不乱扔纸屑,不在宿舍酗酒,深夜不大声喧哗或放音响,在购物付款,银行存款或候车排队时遵守公共秩序依次而行等。只有在生活中不断实践并持之以恒,才会逐渐增强文明意识、培养礼貌行为、涤荡粗俗不雅的不良习惯,成为一个有礼仪修养的人。

多实践，还需要不怕出“洋相”，通过各种社会交往的接触强化，不断锻炼提高。要注意既要克服妄自尊大、不屑一顾的顽症，也要克服自卑自怯、不敢涉足的通病。在外表上，时时注意为人师表，讲究仪表、风度；在语言上，温文尔雅，语调亲切甜润，音量适中；在态度上，对待任何人均表现出诚恳、热情、和蔼、耐心；在心理上，戒骄戒躁，保持积极健康的良好心态。

礼仪心得

第二节 教师礼仪概述

案例导读

董老师是我们中学的一位老师，二十年过去了，每当我们同学聚会的时候，总会津津乐道他的言行举止。

董老师有三“绝”。

第一“绝”是每问必带“哈哩”。董老师上课的时候对于知识的讲解总能做到浅显而清晰，这一点同学们是非常肯定的。他上课时非常关注与同学的互动，表现在每讲完一个问题之后总会再设一个疑问句，而这个疑问句必以“哈哩”结尾。“哈哩”在潮州话里是“对不对”的意思。因而，我们学生私底下便称他为“哈哩老师”。

第二“绝”是投掷粉笔头。董老师板书的时候后背上好像多长了一双眼睛一样，总会随时觉察班里的动静，如有交头接耳者，他便一转身，把手上的粉笔头准确无误地投向目标，百发百中，从未失手。而班里总是一小阵骚动之后便迅速恢复平静。因而，我们学生私底下便又送给董老师一个别号“神射手”。

第三“绝”是“如影随形”。董老师不是我们的班主任，但我们每一节自修课或午修、晚修，董老师总会不期地出现在教室里，等候给同学们答疑；我们的每一项班级活动，总少不了董老师的身影。

（摘自 blog.sina.com.cn/s/blog_970c78390101ek31.html，有改动）

案例分析

从教师的言行及师德，谈谈董老师的妥与不妥之处。

____

____

教师礼仪，从教学实践层面说，是教师在教学这种社会活动中应当遵从的基本行为规范；从文化的层面来看，是教师师德内涵的外在体现；从内容上看，教师礼仪主要表现为教师对自我的规范性要求和对他人的规范性举止。具体来说，教师礼仪主要涉及教师的仪容仪表、言行举止、职业道德与修养等方面。

一、教师礼仪的特征与原则

（一）教师礼仪的特征

就其本质而言，教师礼仪属于职业礼仪的范畴。与其他职业礼仪相比，教师礼仪既有一般职业礼仪的共性，也有教师职业所限定的特性。总体来说，主要表现在其规范性、操作性、传承性、变迁性、示范性五个具体的方面。

1. 规范性

教师礼仪是对教师的言行举止具有特定约束性的基本礼仪规范。这种规范性在教师的社会交往活动中体现为对教师言行举止高度的约束性。另一方面，这种规范性也来源于教师身份的特殊性。教师礼仪，是教师在一切公共场合，尤其是正式场合的社会交往活动中所必须采取的行为规范，是衡量他人和判断自己是否自尊、敬人的一种行为尺度。中共中央发布的《公民道德建设实施纲要》中曾指出："开展必要的礼仪、礼节、礼貌活动，对规范人们的言行举止，有着重要的作用。"总之，任何教师要想在社会交往中表现得合乎规范、彬彬有礼，就必须严格遵守教师礼仪。

2. 操作性

教师礼仪一方面是一个国家、民族师德文化的外在衍生，另一方面，其本身作为一种行为规范具有现实的操作功能。在我国传统文化和现代社会规范中，教师礼仪绝不是仅仅空洞地强调教师身份与尊严，也不是不着边际、故弄玄虚、夸夸其谈。其既有确定的礼仪原则、礼仪规范，又规定了一系列具体而细致的行为方式，包括礼仪原则、礼仪规范以及具体的贯彻要求。切实有效、实用可行、规则简明、易学易会、便于操作,是教师礼仪的重要特征。正因为教师礼仪的易记易行,使其能被教师广泛地运用于人际交往的实践中,并受到公众的认可;而反过来,这样的实践运用又进一步促使教师礼仪以简便易行、容易操作为第一要旨。

3. 传承性

教师礼仪的传承性源于礼仪的传承性。因为当代礼仪都是在古代礼仪的基础上继承、发展起来的,离开了对本国、本民族既往礼仪文化的传承、扬弃,就不可能形成当代礼仪。教师礼仪也符合这一规律,也就是教师礼仪传承性的含义。作为人类文明和教育文化的重要组成部分,教师礼仪是将运用在教师的社会交往中的一系列习惯做法固定下来,流传下去,逐渐形成一定的民族特色,这种民族文化的积累和发扬,往往并不会因为社会制度的更替和社会形态的发展而消失。故而,对于既往的教师礼仪遗产,正确的做法应当是以批判的态度继承和发展,切忌全面照搬或全盘否定。

4. 变迁性

作为人类文明的组成部分,教师礼仪是社会历史发展的产物,具有鲜明的时代特点和文化特征。教师礼仪是人们在长期的教育教学活动中累积形成、演变和完善起来的,不可能一蹴而就,或是脱离特定的历史背景。社会的发展和演变、教育教学内容和方式的变化、教育对象和教育主体的新特点的发生,对教师的施教行为提出越来越多的新要求,反射到教师礼仪上,也表现出其内涵和外延的新发展和新变化,要求与时俱进、推陈出新。另一方面,随着当代社会的全球化和社会活动的多元化,各个国家、地区、民族之间的社会交往日益密切,文化交流日益频繁,教师礼仪规范也表现出相互影响、相互渗透、相互取长补短的情况,并不断地被赋予新的内容。教师礼仪在社会发展中表现出的这种变迁性,也要求人们以历史的、发展的眼光去考察和对待它。

5. 示范性

“学高为师,身正为范。”教师职业特殊性的表现之一,就是工作对象(学生)大多为未成年人。教师的言行往往在学生的世界观和人生观的树立、人格养成、规范习得等方面具有十分重要的作用。一般来说,学生的社会生活经验相对缺乏,在他们的心目中,往往老师的言行就是正确言行的标准和示范。同时,他们对不符合礼仪要求的举止也缺乏判断和分析的能力,因此,教师礼仪是学生的情感练习与美育培养的重要对象,教师礼仪的规范性显得特别重要。这也是教师礼仪示范性的表现。

（二）教师礼仪的原则

教师礼仪的原则是指在教育教学活动中，应用教师礼仪需要从宏观上掌握的，具有普遍性、共同性、指导性的，关于教师礼仪的规律。总体而论，教师礼仪的原则主要有以下五条，它们同等重要，不可或缺。

1. *敬人与自律*

尊重是礼的本质核心的要求。尊重表现在行为规范上，包括对礼仪对象的尊敬和由此要求的对自我的约束。孔子强调："修己以敬""礼者，敬人也"。实际上，在社会交往活动中，对交往对象的友好、尊重、礼让和和睦相处是社会礼仪的普遍要求。对于教师而言，"教育发生发展的终极原因是人"，教师所从事的教育教学活动的对象是人，没有人，就无所谓教育。因此，教师和教育工作者要始终坚持以人为本、敬人为先。在人际交往中，尊重别人就是尊重自己。教师礼仪内涵中，关于待人规范，实际上是教师礼仪的重点与核心。就是要求教师敬人之心常存，处处不可失敬于人，不可伤害他人的尊严，更不能侮辱对方的人格。对于教师而言，特别之处在于，敬人的对象必须且当然包含了尚未成年的学生。

欲施敬，必以律。敬人和律己是教师礼仪不可分割的两个方面。教师的自律是教师礼仪的基础和出发点，只有较高要求的自律，才能真正实现敬人的要求。因此，在学习、应用教师礼仪时，需要教师首先严格地进行自我要求、自我约束、自我控制、自我对照、自我反省、自我检点，也就是所谓的自律原则。所谓"克己复礼"，如果教师不能对自己严格要求，人前与人后不一样，只求诸人，不求诸己，不讲慎独与克己，那么遵守教师礼仪、尊重别人也就失去了存在的基础，成为空话、套话。

2. *互动与沟通*

社会交往本身的内容就是沟通，而沟通的本质要求是社会交往活动双方的互动。沟通是社会交往中人与人之间互动的桥梁，互动是人和人沟通的落脚点和表现形式。

在教师礼仪中，沟通的原则，要求教师在教育教学活动中，必须充分了解教育对象——学生的知识结构、性格特点、学习习惯和兴趣爱好，与此同时，还要通过频繁的教学互动，让学生充分了解、认同、接受自己。一方面，教师和学生的沟通与互动是更好地进行教学活动、取得良好教学效果的基本要求，另一方面，沟通与互动基础上的互相了解也是教师尊重学生的必要条件。

遵循沟通和互动的原则，还要求教师在社会交往活动中主动地进行换位思考，善解人意，也就是要求教师在任何时候都必须善于体谅其教育对象的具体感受，这也是积极推进教育教学活动深入开展的基本要求。

3. 宽容与真诚

宽容的原则既是一般社会交往礼仪的基本要求,也是教师面临以未成年人为主体的学生这类特殊社会群体的职业操守。

教师进行教育教学活动,本来就是学生的知识习得和人格塑造的过程。对于学生的错误与过失、不足与缺陷,教师应该多容忍、多体谅、多理解,尽量不要去求全责备、斤斤计较、过分苛求、咄咄逼人。拥有宽厚容忍的心态,对学生多一分宽容之心,不仅是让对方尊重的体现,还有利于学生身心健康成长,也是促使学生保持独立个性、培养创新精神的内在要求。

教师礼仪中的真诚,是指教师在社会交往活动中,务必待人以诚、诚心诚意、诚实无欺、言行一致、表里如一。这是对社会活动对象的尊重和友好的态度使然,也有利于自己更好地被对方理解和接受,从而有利于教师形象的树立和教育教学活动的顺利开展。倘若在具体操作教师礼仪时口是心非、言行不一、弄虚作假、投机取巧,或是当时一个样、事后一个样,有求于人时一个样,被人所求时另外一个样,仅把运用教师礼仪作为一种道具或伪装,则不仅仅有悖于教师礼仪基本要义,将教师礼仪等同于"厚黑学",更是违背教育原则和准则。

4. 平等与遵守

世界上没有两片完全相同的树叶,更没有两个一模一样的人。教育教学活动的对象各有千秋,要确保教育教学的效果,在具体运用教师礼仪时,就要根据不同的交往对象,采取不同的具体方法。但必须强调指出:在教师礼仪的核心点,即尊重交往对象、以礼相待这一点上,对任何交往都必须一视同仁,给予同等程度的礼遇。不能因交往对象在年龄、性别、种族、文化、职业、身份、地位、财富以及与自己关系的亲疏远近等方面的不同而区别对待,厚此薄彼。这是教师礼仪中平等原则的基本要求。

在正式的社会交往中,每一位教师都应该从职业操守出发,自觉、自愿地遵守教师礼仪,以此来规范自己的言行举止。教师不仅需要了解、学习教师礼仪,更要学以致用。任何教师,不论其身份高低、职位大小、财富多寡、学问多少,都有自觉遵守、应用教师礼仪的义务,否则,不仅会受到公众的指责,还不利于其教学活动的开展和教学成果的取得,这就是所谓遵守的原则。

5. 适度与从俗

凡事过犹不及。因此,运用教师礼仪时,如果做得过了头,或者做得不到位,都不能正确地表达自己的自律、敬人之意。适度原则的含义,就是要求教师在其具体应用教师礼仪时,为了保证成效,必须注意技巧、合乎规范,特别是要注意做到把握分寸、认真得体。当然,在具体的教学实践中,运用教师礼仪时,要真正做到恰到好处、恰如其分,只能靠多学勤练、积极实践。

正所谓“礼从宜，使从俗”，“义者，宜也”。由于国情、民族、文化背景的不同，在当代社会，往往存在着“十里不同风，百里不同俗”的局面。对这一客观现实，教师一定要正确认识自我，不要自高自大、唯我独尊、以我画线，不要动辄简单地否定不同于自己的观点和做法。在必要时，教师要学会入乡随俗，与绝大多数人的习惯做法保持一致，切记不能目中无人、自以为是、指手画脚、随意批评，切记不能随便否定其他人的习惯性做法。遵守从俗原则的这些规定，将会使教师对教师礼仪的应用更加得心应手，更加有助于教师开展教学活动和处理社会关系。

二、教师礼仪的作用与操作

(一) 教师礼仪的作用

礼仪是人们在社会交往中所遵守的行为规范，属于行为科学范畴。毛泽东同志曾指出：读书是学习，使用也是学习，而且是更重要的学习。教师学习教师礼仪的目的，更在于其运用。当下，教师礼仪之所以受到社会各界的普遍重视，主要是因为它具有多重作用。

1. 有助于提高教师的自身修养

在人际交往中，教师礼仪往往是衡量一名教师文明程度的准绳，也是教师展示师德和示范言行的重要方面。美国学者杜威认为：“教育即生活，教育即指导。”正人者，须先正己。作为指导学生者，教师自然有必要提高其自身修养。教师礼仪不仅反映着教师的社交技巧与应变能力，而且更多地反映出其个人的气质风度、阅历见识、道德情操、精神风貌。在这个意义上，完全可以认为教师礼仪的应用，体现着教师的个人教养。有道德才能高尚，有教养才能文明，讲礼仪才受尊重。通过考查教师对礼仪运用的程度，可以感知其教养的高低、文明的程度与道德的水准等。由此可见，学习、运用教师礼仪，有助于提高个人修养，有助于“用高尚的精神塑造人”，真正地、有效地、全面地提高当代教师的文明程度。

2. 有助于美化教师的社会生活

个人形象，实际是一个人仪容、表情、举止、服饰、谈吐、教养的集合，而教师礼仪在上述诸方面都有自己特定的规范，学习、运用教师礼仪，无疑将有益于教师更好地、更规范地设计个人形象，维护个人形象，更好地、更充分地展示教师个人的良好教养、优雅的风度与人格魅力，这种教师礼仪美化自身的作用，任何人都难以否定。管仲说过：“礼仪者，尊卑之仪表也。”优秀的教师礼仪更能匹配教师的社会身份和社会地位，也是美化社会生活、优化人际关系的重要举措。这是教师礼仪的个体运用所发挥的社会作用。

3. 有助于改善教师的社会关系

一个人只要进行社会交往,就不能不讲究礼仪。老子主张:“知和曰常”“知常曰明”。孔子曾经提倡:“礼之用,和为贵。”也有古人认为:“世事洞明皆学问,人情练达即文章。”他们的这些话,讲的其实都是在社交中懂规矩、讲礼仪的重要性。教师因其特殊的社会身份,人们往往对其礼仪的水平和表现充满了憧憬和期待。教师运用教师礼仪,除了可以使教师在其社会交往中充满自信、胸有成竹、处变不惊之外,其最大的好处就在于,它能够帮助教师规范自己具体的社交行为,以便更好地向交往对象表达自己的尊重、敬佩、友好和善意,增进彼此之间的了解与信任促进彼此之间社会交往的进一步发展,进一步造就和谐、美好的社会交往,取得事业的成功。

4. 有助于推进社会的精神文明建设

古人曾经指出:“礼义廉耻,国之四维”,将礼仪列为立国的精神要素之本。反映教师个人教养的教师礼仪,是人类社会文明的主要标志之一。一般而言,人们的教养反映其素质,而素质又体现于细节,细节则往往决定着人们的成败。一个国家、一所学校、一名教师的教师礼仪水准,通常反映着这个国家教师队伍、这所学校、这名教师的文明水平、整体素质与整体教养。而在日常交往之中,正如英国大哲学家约翰·洛克所言:“没有良好的礼仪,其余的一切成就都会被人看成骄傲、自负、无用和愚蠢。”荀子也曾说过:“人无礼则不立,事无礼则不成,国无礼则不宁。”也就是说,遵守、应用教师礼仪,将有助于净化社会环境,提升教师个人乃至全社会的精神品位。所以,中共中央发布的《公民道德建设实施纲要》就明确地将“明礼诚信”规定为我国公民的基本道德规范。

我国正在大力推进的社会主义精神文明建设,其中的一项重要内容,就是要求全体社会成员讲文明、讲礼貌、讲卫生、讲秩序、讲道德,而心灵美、语言美、行为美、环境美,正好与教师礼仪的要求相一致。因此,提倡教师礼仪的学习、运用,与推进社会主义精神文明建设是殊途同归、相互配合、相互促进的。毫无疑问,社会主义的礼治,对于我国的现代化建设是不可或缺的。

(二) 教师礼仪如何规范

在学习运用教师礼仪时,还需要掌握一些方法和技巧。一般而言,它主要涉及“有所不为”与“有所为”两个互有联系的不同层面。所谓“有所不为”,即首先需要注意“不能做什么”;这是教师人人皆须力戒的,如不能讲什么话、不能做什么事等。所谓“有所为”,即应该了解“需要如何做”,或者“如何做得更好”,是教师所应当努力的目标,如应该怎样讲话、应该

怎么办事情。因而,在具体实施教师礼仪时,教师还应积极进行心态调整,做到如下三点:

1. 必须"接受他人"

在具体的社会交往中,教师礼仪要求教师必须尊重他人。一般而言,所谓尊重他人,实际上就是要求教师必须善解人意地接受其交往对象的一切合乎情理的选择。但对于教师来说,尊重他人,意味着在任何情况下,教师都要努力学会接受他人,包括可能遭遇工作烦恼的同事、生活不顺的家长、尚未成年的学生等。

2. 应当"换位思考"

在社会交往中,不仅外外有别、中外有别、内外有别,而且人人有别、时时有别、处处有别、事事有别。在操作教师礼仪时,既然强调"以对方为中心"的交往,那么教师需要进行"换位思考",就自然是不言而喻的。所以教师就需要积极换位,思考同事、家长、学生等对象难以沟通时的深层原因,在互相尊重的前提下,在言行举止中适当针对对方的利益和诉求调整自己的礼仪。

3. 坚持"求同存异"

进行社会交往时,尤其在"换位思考"的基础上,每一位教师都必须坚持"求同存异"的态度。即善于找到共同点,善于回避不同的观点和意见。同时,还须真正地意识到:自己所面对的世界是大有"不同"的。只有在与学生、家长、同事的交往活动中,坚持"求同存异",积极"换位思考",创设有效沟通环境和氛围,才能真正实现平等互动、合作共赢的交往。

礼仪心得

____

____

延伸阅读

每年的9月1日,是各大中小学开学的日子。各学校都会举行开学典礼,届时有家长和学生共同参加。古人是否也有开学典礼呢?

在中国古代,家长们对于孩子入学的重视程度不亚于现在。新生入学不仅有隆重的"开学仪式",还有诸多礼节在其中。古代的儿童一般四至七岁入私塾读书,称之为"开书""破学"或"破蒙"。根据《礼记》和《弟子规》流传下来的"开学仪式"会

图1-1 开学仪式

历经千年未改，通常包括正衣冠、行拜师礼、净手净心、朱砂开智等内容。

《礼记》有云："礼义之始，在于正容体，齐颜色，顺辞令。"因此，古代开学仪式的第一课即是"正衣冠"。古人认为："先正衣冠，后明事理。"让学生注重自己的仪容整洁，是首先要上的一课。入学时，新生要一一站立，由先生依次帮学生整理好衣冠。然后，衣冠整齐地排着队到学堂前集合。恭立片刻后，才能在先生的带领下进入学堂。

步入学堂后，先要举行拜师礼。学生先要叩拜至圣先师孔子神位，双膝跪地，九叩首；然后是拜先生，三叩首。拜完先生，学生向先生赠送束脩六礼。所谓束脩六礼，亦即古代行拜师礼时弟子赠予师父的六种礼物，分别是芹菜（寓意为勤奋好学，业精于勤）、莲子（莲子心苦，寓意苦心教育）、红豆（寓意鸿运高照）、红枣（寓意早早高中）、桂圆（寓意功德圆满）、干瘦肉条（以表达弟子心意）。其中"束脩"二字，有人解释为十条干肉。据《礼记·少仪》记载："其以乘壶酒、束脩、一犬赐人。"郑玄注："束脩，十脡脯也。"束脩在春秋以前就存在了，《论语·述而》中已有"自行束脩以上，吾未尝无诲焉"。

行过拜师礼后，学生要按先生的要求，将手放到水盆中"净手"。"净手"的洗法是正反各洗一次，然后擦干。洗手的寓意，在于净手净心，去杂存精，希望能在日后的学习中专心致志、心无旁骛。

朱砂开智也叫朱砂启智或朱砂点痣，是开学仪式中最后一道程序。具体做法是先生手持蘸着朱砂的毛笔，在学生眉心处点上一个像"痣"一样的红点。因为"痣"与"智"谐音，朱砂点痣，取的其实是"智"的意思，意为开启智慧，目明心亮，希望学生日后的学习能一点就通。

（摘自搜狐网站，有改动）

第二章　师范生礼仪

【目标导航】

礼仪是一种行为规范，更是一种习惯养成。本章主要内容是启发师范生在学校学习期间的礼仪意识并培养其良好的礼仪行为。

本章的学习目标：

1. 了解师范生在学校如何规范仪容仪表，树立良好的个人形象；

2. 师范生在课内、课外和生活中，学会与老师、同学交往，在学校各种学习场合、活动场所，培养良好的礼仪行为；

3. 结合《芜湖师范学校礼仪规范》等文本，解读理解师范生礼仪规范。

第一节 师范生的仪容仪表礼仪

案例导读

小李是一名销售人员，工作热情，积极性高，学历也高，但是到公司半年了，销售业绩总是上不去。小李虽然穿着公司统一发的西装，但是，掉了一粒扣子总是忘记补上，指甲缝总会有黑点，而且指甲留得长。喜欢吃葱油饼，葱味刺鼻，牙缝里经常夹着菜皮；爱挽袖子，或者撸袖子。说话风风火火，还夹杂着手势。

案例分析

请你从礼仪角度分析一下小李在职场的仪容仪表中存在哪些问题。

____

____

仪容仪表是一个人外部形象最直接的体现，也是学生礼仪的重要基础。托尔斯泰有一句名言："人并不是由于美丽才可爱，而是由于可爱才美丽。"长得美与丑是与生俱来的，作为学生不能因为长得美而大肆炫耀、打扮，也不能因为自己先天普通而自卑，或者夸张地去修饰。作为师范生更应该学会从得体的仪表礼仪中培养良好的习惯、提升个人修养，保持学生天生的自然美、质朴美，展示师范生真正的美。

一、师范生的仪容礼仪

1. 师范生的仪容礼仪

仪容，指一个人的容貌，包括五官和头发。良好的仪容，不仅是对别人尊重的体现，也是个人文化素质的写照。整体来说，仪容美是自然美和修饰美的结合。自然美是先天的，无法选择。但仅有自然美是不够的，还需要通过修饰才能更好地展示良好的个人形象，师范生应重视仪容的修饰。

干净、整洁是仪容的基本要求。一个干净、整洁的人总是受欢迎的。因此，具有良好的仪容，能够给人以端庄、稳重、大方的印象。这种形象，既能体现出自尊自爱，又能表示对他人的尊敬和礼貌。在社会交往中，谁都不愿意和一个蓬头垢面、邋里邋遢的人交往，而更愿意和一个干净、整洁的人接近。

良好的仪容应从以下几个方面做起：

头发要勤于梳洗，发型朴素大方。一般来说，洗发频率根据发质来定。冬天可以2~3天洗一次，夏天为1~2天洗一次。理发，男生通常半个月或一个月一次，但头发不宜超过耳背，不触及后衣领。女生根据情况来定，不应遮住脸部或盖住眉毛（如图2-1）。

面部要适当清理和修饰。青春期男女生都尽量使脸“清水出芙蓉，天然去雕饰”。尽量少化妆，但这并不表示不去修饰。除了特定的场合需要适当的淡妆外，日常还应注意修面，保持主体面部的清洁。脸部青春痘较多的同学，最好能适当打理。

要做到勤洗澡，勤换衣裤，勤剪指甲，勤漱口。身体不能有异味；衣服要整洁，且无污垢、油渍；指甲不应留得过长，或有黑色污垢；不宜让人闻到口腔异味，吃了大葱、大蒜等有异味的食物要及时漱口。

图2-1　师范生的仪容礼仪

2. 师范生的风度和气质

风度是一个人内在的素质、修养及其外部行为的总和，是人们在社会生活中逐步形成的衡量人的形态、举止、谈吐、装束、打扮的尺度。它是一个人全部生活姿态而非某个单一动作给人的综合印象，这个印象包括一个人的品格和教养、道德和觉悟、性格特征，以及动作、神态、表情、遣词造句、语气语调等的综合表现。所以，良好的仪容是风度和气质的前提和基础。做为人师表的师范生，在仪表美和心灵美的前提下，还应追求气质美和风度美，只有这样才能体现出师范生应有的高素质、好涵养，真正的身正为范（如图2-2）。

总体来说，师范生应培养"越看越美"的风度和气质。微笑是和善友好的标志，是给人最好的礼物，因此要懂得微笑，它能使人舒心、轻松、愉快，让人如沐春风。神情要庄重、谦逊，学会用眼睛说话。交流时不能对人"目不转睛"，也不能过于羞怯、低头腼腆、做作胆怯。公共场合要自然平静、落落大方，避免面无表情、冷漠无神或挤眉弄眼、哈哈大笑。

女生表现出女性的阴柔之美，贵在优雅得体。行动要轻盈、娴静，富有朝气，庄重和谐又不失可爱。男生要有阳刚之气，表现出稳重、刚劲、强壮、坚毅、坦率、果敢的精神风貌。阳刚不等于野蛮、粗俗，行为放荡，如袒胸敞怀、赤膊露腿都是有损阳刚之美的。男生还要有谦谦君子风范，为人宽容、待人有礼、对人谦让，行为举止高雅得体，对待女生礼让、友善。帮扶弱者、乐于助人，都是优雅风度的表现。

图2-2 学校礼仪社社员

二、师范生的仪表礼仪

仪表是指一个人的外表，它包括人的容貌、发型、姿态、服饰、体态、神态等，它是人的精神面貌的外在体现。师范生的仪表也很重要，能否给人留下良好的第一印象，关键就看个人的仪表，它是内心世界和内在修养的外在表现。因此，仪表很大程度上是自我塑造的。

师范生身处学校这一特定的场所，其仪表要求也具有独特性。师范生的仪表应遵循求学特色，一般情况下，以端正、自然、简约、质朴为好。总体上朴素大方，活泼整洁。具体要求如下：

1. 发式基本要求（如图2-3）

人们打量一个人，往往习惯从头部开始，而头发位于人体的最高点，所以更容易先入为主，引人重视。学生发型要自然、简便、清洁，反映青年学生应有的朝气蓬勃的精神面貌。

女生发式：以扎马尾辫、理短发、垂直发为宜，给人以清新、活泼、纯真、雅气之感。另外，随着我们生活水平的提高，女生也可以适当修发、理发、拉直头发，但切忌不符合学生身份的、过于成人化的发式，前面的刘海不要过低，不能遮住眉毛和脸部，否则容易失去青春的朝气和活力。

男生发式：最好留短发，以不超过10厘米为宜，这样显得整洁、干净，富有男孩朝气，而且易打理。随着我们对个性化发型的追求，男生发式也变得多种多样，但不管哪种发式，都应遵循“清爽干净、整齐简约”的原则，充分体现男生的阳刚之美。不要刻意为引起别人的注意，去追求新潮、奇怪发式。

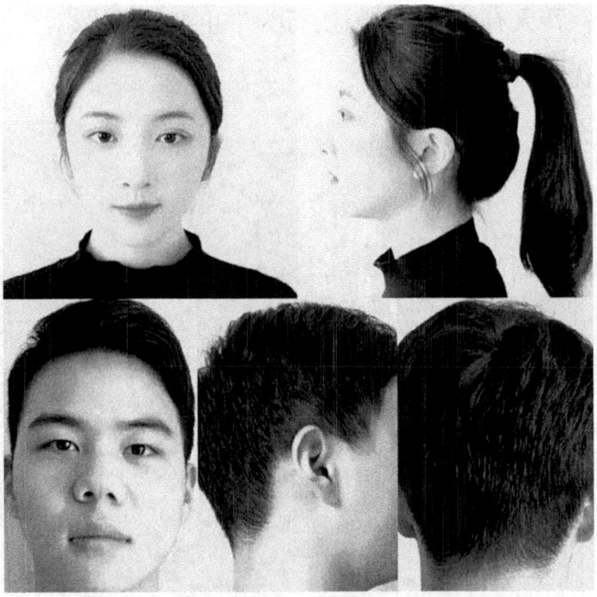

图2-3　男女生标准发式

2. 服饰一般要求

师范生是青春、活力的象征，为了充分展现师范生的这种青春与活力的精神面貌，其服装方面应以色彩鲜明、线条流畅、明快简洁为好。

师范生在校园内应穿校服、运动服或其他休闲服装，不仅能展示青少年青春、质朴的形象，而且也方便“两操”和体育课活动的开展（如图2-4）。当然，师范生的专业课多数为舞蹈、形体课，偶尔着舞蹈训练服装也是可以的，因为舞蹈服能展示健美的身姿（如图2-5）。

图2-4　师范生服装（一）

图2-5　师范生服装（二）

3. 校服穿着要求

从某种意义上来说，校服也是职业装的一种，讲究实用、美观和象征性。校服与学校的环境整体上是一致的，服饰美观大方、色彩明快、富有朝气、朴实简约，更便于运动。学生在校内外集体活动场合，穿着校服，不仅是师范生良好精神状态的体现，也是优良校风校貌的体现，有助于增强学生的集体认同感，培养学生的纪律意识。有些学校的班级还定制了与专业相关的系服或班服，既能展现个性，也会激发学生产生一种专业的自豪感和光荣感。

学生穿着校服的基本要求如下(如图2-6):

(1) 整齐。服装要合身,春秋冬季校服要求袖长至手腕,裤长至脚面,夏季校服要求裙长至膝盖,尤其是内衣不能外露,不挽袖,不卷裤,不掉扣,不漏扣。如果是运动服,不可敞胸露怀,拉链应拉至胸前。

(2) 清洁。师范生着装最重要的是干净、整洁、无污垢、无油渍,领口与袖口处尤其要保持干净,所以校服应勤洗勤换。同时,不能随意改拼校服,不随意乱画或添加饰物。

图2-6 师范生校服

4. 徽章佩戴要求

师范生经常佩戴的徽章主要有:校徽、团徽(如图2-7)。校徽是学校的标志,学生佩戴校徽能够使师范生增强道德意识及纪律约束。在校外公共活动场合,佩戴校徽能够使学生清醒意识到自己是学校学生,自觉维护学校的荣誉,养成遵纪守法的好习惯。在校内佩戴校徽进出校门,校内安保人员在值勤时一目了然,有利于学校的安保工作的进行,维护校园秩序。

图2-7 校徽、团徽

师范生应自觉佩戴校徽、团徽，并主动、耐心地接受学校执勤同学及安保人员的检查。校徽、团徽的佩戴，要求端正、规范，不倒戴、反戴、掩盖或藏于衣内。通常情况下，校徽、团徽应佩戴在外套上衣的左上角。

礼仪心得

第二节 师范生的仪态礼仪

案例导读

在一次学校的表彰大会上，同学们都穿着校服(女生穿着裙子)提前到达了报告厅，安静地等待校领导的到来。在校长进行讲话的时候，一位女生将小腿搭在了另一个女生的大腿上，另一位女生则将双腿完全放松地向两边打开。此时主席台上的校领导们无奈地摇了摇头。

案例分析

请从师范生仪态角度分析她们在行为举止上存在的问题。

____

____

许多人走在马路上，你注意到其中一个人，而其他人虽然也在那个场合出现，但你没有看到或者没有注意到他们。为什么会出现这样的情况呢?

刚开始吸引人的可能是衣服、首饰、妆容、发型等，但是接下来你就会感到这个人内在气质的外显，比如我们会感到这个人气质超群，而这种不同气质的显现，在很大程度上是从他正确而优美的体态中传递出来的。

优美的体态，即良好的身体姿态，是形体美的重要因素之一。国外的专家认为身体的状态对女性完美的仪态非常重要。有的人外貌不见得很出众，但气质却非常好，而气质凸显更多地依赖于体态的美好。体态美可以让一个相貌平平的人传达出内在的自信，这种自信能造成强大的气场，让他(她)在一群人之中鹤立鸡群，出类拔萃。

优美的体态是人的美好风度的重要体现，是良好的人格修养的外在形式，它常常会在不知不觉中传递我们的内在气质和感情信息。正如达·芬奇所说："从仪态了解人的内心世界，把握人的本来面目，往往具有相当的准确性与可靠性。"对于女性来说，仪态不仅是美好内心的外在表现，也影响着气质。对于男性而言，正确且优美的身体姿态，配上一身结实、丰满发达的肌肉，方能显示出形体潇洒的风度。优美的体态不仅可以与丰富的内涵相得益彰，凸显气质，还充分显示出一个人的修养，同时也是充满自信的完美表达。美好的体态，会使你看起来富有活力，还能决定着装效果。

一、体态之美

体形与体态是两个相关但是不一样的概念。体形是身体的形态，指的是身体各部位的尺寸和比例，通俗讲就是人的高矮胖瘦，体形中的身体比例更多是依赖于遗传；体态是人体的姿态，即一个人站、坐、行时所体现出的姿势、态势。人体的比例几乎无法改变，但是体态却可以变得很美。

(一) 古人眼中的体态美

中国古代的文人对女性之美进行过诸多描述，其中对女性身姿的描述无处不在。娉婷：姿态美好的样子，专指美女。古人对女子形体美的追求是亭亭玉立、均匀舒展、体态轻盈、婀娜多姿。杨柳细、长、直、轻、柔、软，是最能体现女子优美身姿的喻体，所以自古为文人墨客描画女性时的最爱。由此可见，女性之美中，体态美是多么重要的元素，在一群人之中卓尔不群，体态是最好的诠释。

无端天与娉婷　秦观《八六子》

娉娉袅袅十三余　杜牧《赠别》

人人道，柳腰身　张先《醉垂鞭》

樱桃樊素口，杨柳小蛮腰　孟棨《本事诗·事感》

舞低杨柳楼心月，歌尽桃花扇底风　晏几道《鹧鸪天》

作为审美对象的美，是人体在正常状态下的形态结构、生理功能和心理状态合乎目的的协调、匀称、和谐和统一。它是人的自然属性的美。由于人是生命进化的最高产物，故人体美可看作自然美的最高形态，也是医学审美对象的核心。

（二）达·芬奇关于身体的比例

达·芬奇是欧洲文艺复兴时期意大利的著名画家。在长期的绘画实践和研究中，他发现并提出了一些重要的人体比例规律（如图2–8）：

标准人体的比例为头是身高的1／8。

肩宽是身高的1／4。

平伸两臂的宽度等于身长。

两腋的宽度与臀部宽度相等。

乳房与肩胛下角在同一水平上。

大腿正面厚度等于脸的宽度。

人跪下的时候，他的高度就减少了1／4。

达·芬奇认为，人体凡符合上述比例，就是美的。这一人体比例规律在今天仍被认为是十分有价值的。

关于人体美的规律最伟大的发现，是关于“黄金分割”的发现，即0.618。

肚脐以上的身体长度与肚脐以下部分长度的比值。

咽喉至头顶与咽喉至肚脐的距离比。

肘关节到肩关节与它到中指尖之比。

手的中指长度与手掌长度之比。

手掌的宽度与手掌的长度之比。

图2–8　达·芬奇人体比例图

二、重塑体态

尽管人体的比例几乎来自遗传，但是，体形可以控制，体态可以重塑。人的体形是受人的意识管理的，体形的发展如同习性的发展：你管理得好一些，约束得严格一些，体形便也紧凑和有规则一些，体态随之也端庄和挺拔一些；相反，如果你管理松懈，或者懒于管理，那么随着年岁的增长，肥胖、松弛、臃肿、下垂，就会随之而来。在校园里，我们经常看到一些人尽管身体比例均匀，胖瘦适度，但是看起来弯腰驼背、含胸、斜着肩膀、走路外八字、低头、缩脖子，没精打采，缺乏年轻人的朝气和活力，很难有美感，更谈不上良好的气质了（如图2-9）。

图2-9　几种不良姿态

仪态包括人的举止和姿态。一个有良好修养的人应该具有大方、得体、优雅的举止。举止，是指人们在外观上可以明显被察觉到的活动、动作，以及在活动、动作之中身体各部分所呈现出的姿态。

人的举止和姿态，可以展现人类所独有的形体之美。平日人们所推崇的风度，其实就是指训练有素、优雅的、具有魅力的举止和姿态。

在现实生活中，人们正是通过身体的种种不同的姿势变化，来完成各项活动的。在面对面沟通中，三个因素所占的百分比分别为：肢体语言65%、语音语调28%、谈话内容7%，可见一个人的仪态即肢体语言是多么重要。

空姐在人们眼中因其美丽的外貌、优雅的举止而成为美的象征，而事实上，空姐的言行举止是经过持久的训练培养出来的。当一个人的举止通过训练固定为自身良好的习惯后，在举手投足之间，气质如影随形。美貌是天生的，可优雅的体态却来自平时的培养。

（一）站姿

典雅的站姿能衬托出美好的气质和风度。古人用“站如松”来形容人站立的姿势要像松树一样端庄挺拔。正确健美的站姿会给人以挺拔笔直、舒展大方、精力充沛、积极向上的印象（如图2-10）。

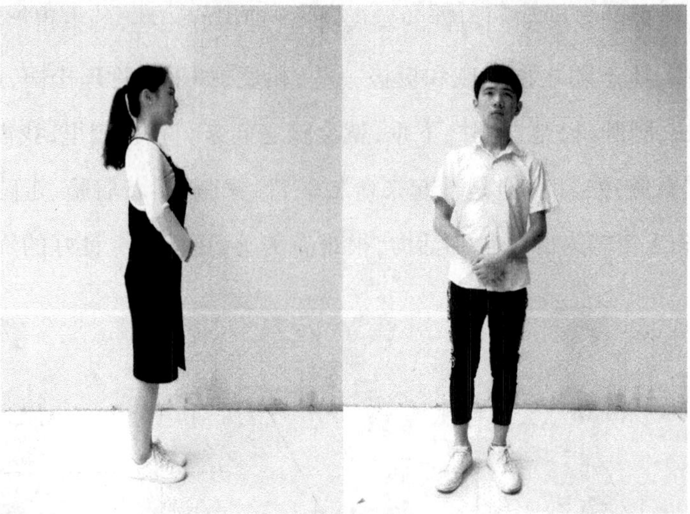

图2-10　自然站姿

1. 女生站姿

身体自然直立，下腹微收，胸脯挺起，双肩向后张开放平。

收腹紧臀，提气立腰，使身体重心尽量向上拔高。

双腿并拢，两膝间无缝隙。

头正，两眼平视，嘴微闭，面带笑容，颈、后背挺直，胸略向前上方挺起，双肩展开向下沉，使人体有向上的感觉。

两脚分成“V”字形，脚尖开度为45~60度，身体重心主要支撑在脚掌、脚弓上，不要偏移。

膝盖自然挺直，小腿向后发力。

手五指并拢，双臂自然放松，将右手搭在左手上。

2. 男生站姿

站姿要正直，即挺拔、直立、站正。两脚与肩同宽，身体重心主要支撑在脚掌、脚弓上，不要偏移。

头正，两眼平视，嘴微闭，面带笑容，颈、后背挺直，胸略向前上方挺起，双肩展开向下沉，使人体有向上的感觉。

收腹、立腰、提臀。

两臂放松，自然下垂，双手可放于身体两侧、腹前或背后，虎口向前，手指自然弯曲。

（二）坐姿

坐是日常生活中最为常见的姿态。坐是以臀部作为支点，借此减轻脚部对于人体的支撑力。优雅端庄的坐姿能体现一个人的静态美感。古人用“坐如钟”来形容端庄、稳重的坐姿（如图2-11）。

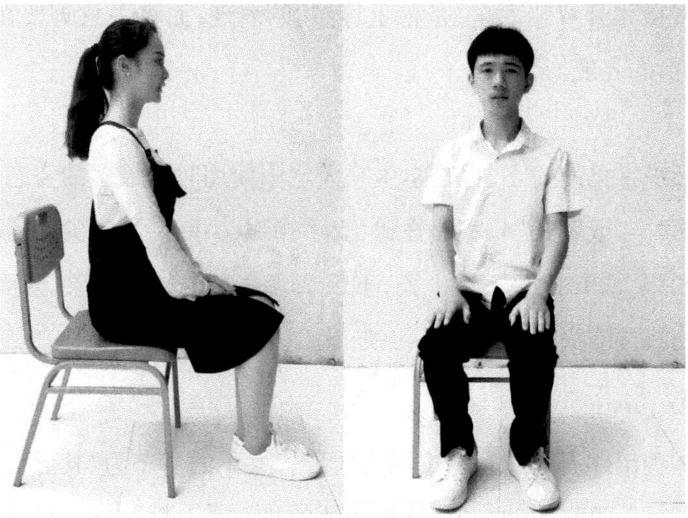

图2-11　自然坐姿

1. 落座三部曲

入座：动作轻缓，一般从椅子的左边入座。

落座：轻轻坐下。着裙装的女生落座，通常先用双手拢平裙摆，随后坐下。如果是翻板椅子，则应用手轻轻扶住椅面，避免落座时发出声音。

坐定：不应满座，通常占据椅面的2/3位置，若只坐座椅的1/2，则表示对对方的敬意。

2. 不同座椅的坐姿

(1) 女生

沙发：一般沙发比较宽大，不能坐得太靠里，可以将左腿跷在右腿上，小腿紧紧靠拢，双腿平行，脚尖绷直。注意不能跷得太高，特别穿裙子时不能露出衬裙；也可以双腿并拢，两膝相靠，将膝盖偏向与你谈话的人。

带扶手的椅子：挺直上身，头部端正，目视前方，或面对交谈对象。双腿自然弯曲，膝盖并拢，两腿平行；也可两腿并拢斜放一侧，脚掌前后稍稍分开，一只手的手肘轻轻搭在椅子扶手上，呈优雅的“S”形，这是穿裙装时的最佳坐姿。

无扶手的椅子：双膝、脚跟必须靠紧，两手半握拳轻放腿上，放在膝上或双手交叉放在膝间。注意由肩到臂，紧贴胸部，胸微挺，腰要直，目平视，嘴微闭，面带笑容，大方、自然。

坐姿对于女生而言，要求是端庄而得体，而且一定注意衣着的限制。女生并拢双膝而坐，一般是庄重、矜持的表现；双腿交叉又配合上臂交叉的坐姿一般表示自卫、防范。

(2) 男生

男生在坐姿上相对于女生要随意一些。坐座椅的1 / 2，上体自然坐直，两肩放松，两腿自然弯曲，双腿平落地上，双膝稍稍分开。

通常男生微微张开双腿而坐，是稳重、豁达的表现，而将一只脚架在另一只脚上的坐姿常常是轻松、自信的表现。

3. 坐姿禁忌

坐姿是生活中常见的姿态，也是学生一天之中使用时间最多的姿态。落座时上身不直、左右摇晃、猛起猛坐，或者是"4"字形叠腿、双手扣腿、不断摇晃脚尖、双腿分得太开，松弛、塌腰、驼背、腹部松懈、头耷拉等不良坐姿，不仅会破坏自身整体形象，久而久之还会因此形成腹部堆肉、弯腰驼背、缩头缩脑的不良习惯，让自身形象大打折扣。

（三）行姿

行姿最能体现出体态的美感。中国古代形容女子的步态为"其形也，翩若惊鸿""飘摇兮若流风之回雪"，行云流水般的行姿、款款而行的步态是女性气质高雅、柔美端庄风采最好的呈现。优美的姿态，给人以风姿绰约、婀娜多姿的感觉，古人用"行如风"来形容走起路像风一样轻盈，足以见得，行姿是何等的重要。

行姿要领

抬头、挺胸、收腹、直腰，腰部以上至肩部尽量减少动作，保持平稳。

肩膀往后垂，手轻轻放在两边，轻轻摆动，大臂尽量不动，小臂动作轻微。

两腿迈步自然、飘逸、轻盈、匀称。女生落地时脚尖先着地，踩出"猫步"，即脚印形成一条直线；男生的脚步走出两条平行线。

女生腰胯配合着轻微地扭动是完成柔美行姿的点睛之处。同时还要注意步位和步幅。

注意行进时前后两脚之间的距离。标准的步幅是前脚迈出一步时，脚跟离后脚尖恰好一只脚的长度(如图2-12)。

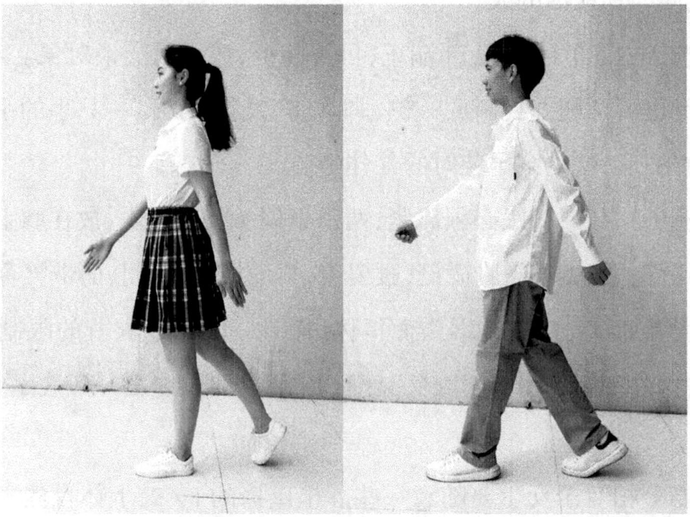

图2-12　行姿

（四）21天法则

21天法则，即通过21天正确、重复地练习养成一个好习惯的方法。据研究，大脑构筑一条新的神经通道需要21天时间。所以，人的行为暗示，经21天以上重复，会形成习惯，而90天以上的重复，会形成稳定的习惯。

人的体形可能更多来自于遗传，但是体态却可以重塑。如果你使用此法失败了，如果你试过了却没有切实改变，请你别气馁！切记，潜意识只有在习惯成自然之后，才能任你随意驱使，你可能还没有了解持续的力量，你要有耐心，务必坚韧不拔。但是，很多坏习惯，由于以前不只90天的暗示甚至实践，已经根深蒂固了。所以，你需要花费更多的精力。方法很简单，就是你重新做一次，然后不断重复正确的动作。

被誉为“亚洲最有魅力的女生”的靳羽西曾经说过：“懂得了什么是正确的体态后，你还需要好好地练习，直到有一天，你不管出入何种场合，都不用再想怎么样坐、怎么样站、怎样做某些动作，因为你已经完全自如了。优雅大方的动作已成为你的一部分，成为你气质的一部分。”

三、微笑最美

德国哲学家尼采说过：“口可以说谎，脸透露事情。”这说明人的面部表情是内心情绪情感的真实反映。随着美剧《别对我说谎》和港剧《读心神探》的播出，人们对心理学名词“微表情”有所了解，实际上也就是脸部是会“泄露”出其他信息这一原理在侦破刑事案件中的运用。

（一）人的表情

人类具有非常丰富的表情。达尔文在1872年继《物种起源》之后发表了一篇新的著作《人类和动物的表情》，他延续了生物进化论的思路，认为感觉也是进化论的一部分，人类的表情也是从低等动物中进化而来的。可以说，人的表情是作为高等动物的标准之一。

最早为人所知的六种基本表情是：喜悦、悲伤、害怕、愤怒、惊讶和厌恶。2014年3月31日，美国俄亥俄州立大学研究人员历克斯·马丁内斯在美国《国家科学院学报》上发表的最新研究成果表明，人类至少有21种表情。中国有句俗语，叫“相由心生”，就是说一个人的个性、心理可以通过面部特征表现出来，这个也就说明了人有多复杂，面部表情就有多丰富。画家徐悲鸿则把表情归为喜、怒、哀、乐、惧、爱、厌、勇、怯等几类。

喜悦。人们用很多词语形容这种表情：满脸笑容、眉飞色舞、喜形于色、喜上眉梢、眉开眼笑……这是人类最美好的表情，嘴角翘起，面颊上抬，眼睑收缩，眼睛尾部会有皱纹，眼睛周围肌肉运动。

悲伤。人们多用“苦”形容这种表情：愁眉苦脸、苦瓜脸、苦巴巴、蹙额锁眉……面部特征包括眯眼，或两眼无神，眉毛收紧，嘴角耷拉，下巴抬起或收紧。

害怕。常用来形容这种表情的成语有：大惊失色、面无人色、目瞪口呆……害怕时，我们常常会嘴巴和眼睛张开，眉毛上扬，鼻孔张大。

愤怒。人们常用“横眉竖目”“面色铁青”“咬牙切齿”……表现这种情感。这时眉毛下垂，前额紧皱，眼睑和嘴唇紧张。

厌恶。常见的用来形容这种表情的词语有“眉头紧锁”“疾首蹙额”等。厌恶的表情包括嗤鼻，上嘴唇上抬，眉毛下垂，眯眼。

惊讶。这种表情的常见形容词有“瞠目结舌”“大惊失色”等。惊讶时，下颚下垂，嘴唇放松，眼睛睁大，眼睑和眉毛微抬。

（二）微笑最美

心理学家经过测算，得出这样的公式：感情的表达=7%语言+38%语音+55%表情，而表情中最美丽动人的，莫过于微笑。

微笑，是人类最美好的表情。因为人类的笑脸放射着温暖、自信、幸福、宽容、慷慨、吉祥等（如图2-13）。心理学家分析，当我们看到一张笑脸时，我们的大脑神经就收到指令，指挥面部肌肉展示微笑，因而会以微笑来回馈对方。美国著名的人际关系大师卡耐基说：“微笑能使接受者更加富有，但不会使施予者变得贫穷；再穷的人也有微笑的本钱。微笑是全世界唯一通用的语言。”

图2-13　微笑

可以看出，一个动人的笑脸总能给别人留下美好而深刻的记忆，因为能折射出内心的健康、乐观、积极，阳光般的笑容，能够融化冰雪，能够润滑人际关系，可以将美好的心境传达给别人，微笑是谁也拒绝不了的表情。我们常说，脸是思想的“荧光屏”，好的表情取决于“心”，因而一颗干净明澈的心一定要以明媚灿烂的笑脸展现。人们常说“福临笑家门”“面带三分笑，礼仪已先到”。一个发自内心的笑容，不但能表现美好的心境，更能表达美好修养，未语先笑，能带给别人愉悦的感觉。

卡耐基曾经说过：“一个人脸上的表情比他身上穿的更重要。”一位礼仪专家也说过：“女性在使用化妆品美容的同时，切莫忘了佩戴上微笑这一最美的‘首饰’。”真诚自然、发自内心的笑容能够让分布在眼睛周围的肌肉有所反应，使眼睛放出愉悦的光彩，这种笑容流露出一个人内心世界的幸福、满足与欢乐，只有感受到生活的快乐、成功的人，才具有这种迷人的微笑。这种微笑有着感人的力量，显示了一个人对生活的满意和自信，同时也像弥漫在空气中的香味，能够感染周围所有的人。

2008年，北京举办了第29届奥运会，志愿者们的微笑成为她们乃至中国的名片，恰到好处地展示了中国的国富民强及民族自信心。她们的笑容既是自信的表现，同时也是生活美好的表现。

（三）微笑训练

什么样的笑容让人看着最舒服呢？除了温暖真诚的眼神外，应该就是微微上扬的嘴角了。嘴角两端平均地向上扬起，是笑容美丽的一大要诀。我们可以通过训练，改掉之前不美观、不好看的笑容。

1. 镜子微笑法

站在一面镜子前，让自己全身放松，将头摆正。回想自己生活中遇到的开心愉快的事情，把这种愉快的心情通过面部表现出来。具体做法是：面部肌肉放松，不出声，不露牙齿或微露牙齿，嘴角微微上扬。通过自我观察，找到自己认为笑得最灿烂、最甜美的感觉，并将这种感觉记在心里。

还可以面对镜子，口中发出“一”或“cheese”的声音，这时两颊的肌肉会自觉向上抬起，嘴角也会向上扬起，我们就做出了微笑的表情。用这种方法进行自我训练微笑时，关键是要自然，并发自内心。

2. 筷子微笑法

用上下门牙轻轻咬住一根筷子，嘴角咧开，尽量往上扬起，看自己的嘴角是否高于筷子。可以用双手手指按住嘴角往上推，让嘴角上扬至最大限度（如图2-14）。

微笑的自我训练要经常进行，方能让自己更自信地、恰如其分地把握好微笑的要领，展示给别人最美的笑容。

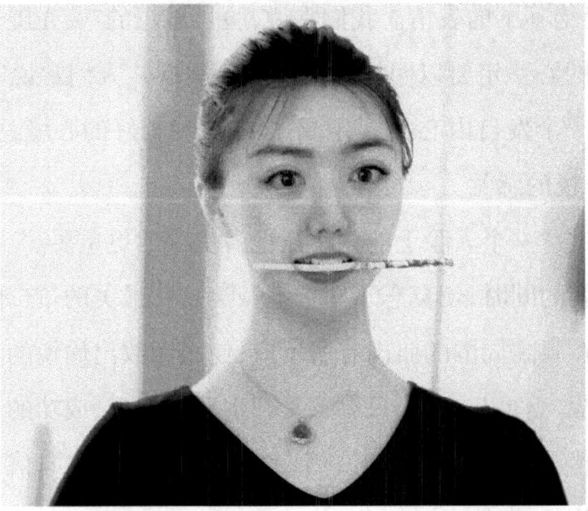

图2-14　筷子微笑法

礼仪心得

____

____

第三节 师范生的语言礼仪

案例导读

一天中午,两位同学去学校图书馆还书,但是图书馆的门是锁着的。于是一位同学就拿起手机拨打了贴在门上的老师留下的电话号码:

"喂!老师,你在哪?"

"为什么没人上班?"

"我明天没空。"

案例分析

请你从礼仪角度分析一下以上学生的语言中有哪些不妥?

____

____

一、语言礼仪及其分类

语言礼仪指通过口头或书面语言形式来表达礼貌礼节的一种礼仪。按其表现形式可分为语音类、口头语类和书面语类三种礼仪形式。

1. 语音类礼仪

语音类礼仪，指通过不同的语音来表示不同语义的礼仪。即通过声音的高低、音色、语速、声调等来暗示所要表达的不同的意义。比如，同样的一句“各位老师，晚上好”，用亲切的、富有激情的、高昂的音调来表达，和使用平淡的、毫无激情的甚至是很低的音调来表达，所传递的含义是大不相同的。

使用语音类礼仪，应特别注重语音的独特功能。第一，声音表达要让人感到真实、自然、朴实，切忌装腔作势，嗲声嗲气；第二，音量要控制适当，该轻柔时不要高昂，该低沉时不要喧哗；第三，音调要注意抑扬顿挫，和谐有效。当然，很多时候语音类的礼仪不是独立使用的，而是和另外两种语言礼仪共同发挥作用。

2. 口头语类礼仪

口头语类礼仪最为常见，指通过口头语言方式所表达的各种礼仪，即以说话方式表示的礼节。在社会交往中，见面时相互问好，分离时相互道别，都需要通过口头语言来表达。

使用口头语类礼仪要注意时间、地点、对象。针对不同的对象应用不同的口头语礼仪，尤其要注意尊重不同民族的风俗习惯。针对不同的时间、地点应使用不同的口头语类礼仪，如：同学上课时相遇，问声好便可；婚礼场合和追悼会上碰到同一个熟人，口语礼仪的表达也有所不同。

3. 书面语类礼仪

书面语类礼仪，指通过书面语方式表达的礼仪。书面语类礼仪往往通过感谢信、贺电、函电、唁电、请柬、祝辞等礼仪书信形式来表达。

书面语类礼仪的形式通常有三大特点：①礼节性。讲究礼尚往来、情到礼到。如对方有祝贺信来，就应有相应的感谢信去，以表示应有的礼节。②规范性。书面语类礼仪和其他礼仪一样有一定规范，从内容到形式又有其特定的要求。③讲究语言的表达。要求准确、简练、有分寸。

二、师范生语言修养的基本要求

师范生在校期间，不仅是其生理、心理成长、成熟的关键时期，更是其正确思想、良好行为形成的关键时期，在这个时期“能说会道”很重要，为此应加强师范生的语言修养教育，其基本要求是：做到语言美，会表达。

（一）语言美

语言，是人们生活、学习、交往的基本工具之一。师范生要想各方面做得好，就必须要求自己做到语言美。在具体的学习、生活中使用语言时，要注意语言的具体内容与表达方式这两方面的问题，即自己应该“说什么”和“如何说”。

1. 语言文明

语言文明，主要是要求师范生在选择、使用语言时，要文明当先，以体现出自身良好的文化修养。其具体要求有三点：

（1）使用普通话。我国地域广阔，各民族都有自己的语言，但《中华人民共和国宪法》明文规定：“国家推广全国通用的普通话。”师范生在这一点上必须身体力行。应当提出的是，使用普通话进行交流，是对师范生基本素质的要求，它不但反映着其较高的文明程度，而且也有助于沟通、交流范围的更大化。因此，我们都应讲普通话，尽量不讲方言、土语。

（2）用文雅词。用词文雅，并非要求在交谈时咬文嚼字，脱离实际，而是要求其自觉回避使用不雅之词，尤其不能动辄讲脏话、粗话，更不能讲黑话、怪话。

（3）检点语气。语气，即人们讲话时的口气，是语言的有机组成部分之一，它直接表现讲话者的心态。与人交谈时，特别是在老师、同学面前，务必要检点自己的语气，在任何情况下，都应温文尔雅，使自己显得热情、亲切、和蔼、友善。

2. 语言礼貌

语言礼貌，是师范生应具备的基本礼仪修养。具体而言，它要求师范生在日常交谈中主动使用约定俗成的礼貌用语，以示对交往对象的尊重、友好之意。下面介绍几种常见的礼貌用语的使用情况：

（1）问候语。其代表性用语是“您好”。不论是遇到老师、同学还是其他人，或是接听电话，都应主动问候：“您好”“早上好”“老师好”等，这类问候语一般只表示一种礼貌，不强调具体内容。我国常用的问候语还有：“你吃饭了吗？”“你到哪去？”“忙什么呢？”等等。

（2）请托语。其代表性用语是“请”。要求他人帮助，托付他人代劳，或是恳求他人协助时，应当使用这一专用语。否则就会给人以命令之感，使人难以接受。常用的请托语有“请”“请帮忙”“有劳您”“劳驾”“拜托”等。如向熟识的同学提出请求时，直接说“请帮忙”；向不太熟识的同学提出请求时，应用商量的口气说：“帮个忙好吗？”向老师提出请求时，就要说：“老师，能帮个忙吗？”使用请托语，“请”字当先，语气不能盛气凌人，要诚恳，但也不必低声下气。当向别人提出比较重大的请求时，要注意把握适当的时机，如对方确有不便不能帮忙时，就不要前去打扰；当别人因能力有限不能答应你的请求时，应予理解并为对方所做出的努力表示感谢。

(3) 感谢语。其代表性用语是“谢谢”。使用感谢语,主要目的是向交往对象表达本人的感激之情。获得帮助、赢得理解、得到支持、感到善意时,均应使用感谢语向交往对象主动致谢。“谢了”“谢谢”“非常感谢”“太感谢了”是常用的感谢语。具有中国特色的感谢语还有“有劳你了”“难为你了”“劳您费心了”等。

在有些场合,向别人致谢是必要的。当别人为你端上一杯茶时,当有人为你捡起你掉下的东西时,当有人为你让座时,当有人送给你礼物时……总之在别人为你提供了服务时,都要真诚表示感谢。

(4) 道歉语。其代表性用语是“抱歉”或“对不起”。在日常生活和交往中,由于某种原因妨碍、打扰到对方而给他人带来不便,以及未能充分满足对方的需求时,都应及时运用道歉语向交往对象表示自己由衷的歉意,以求得到对方的谅解。表达不安、歉意、遗憾的道歉语通常有:“对不起”“请原谅”“很抱歉”“打扰了”等,如老师对学生印象不够好,但后来那个老师对学生说:“没发现你还有这些强项。”这是以赞美的方式表示歉意。

(5) 道别语。其代表性用语是“再见”。与他人道别时,主动运用此语,既是一种交往惯例,也是对交往对象尊重与惜别之意的一种礼节性表示。另外,常用的道别语还有“请慢走”“您走好”等。

(二) 会表达

在现实生活中,许多人由于缺乏扎实的语言基本功训练,语言表达没有明确目标意识,要么啰嗦、废话连篇,要么无的放矢、无关紧要的话淹没或冲淡了主题,结果词不达意。因此,学生要重视培养自己的语言表达能力。

1. 语言表达要目标明确。要想把目标表达明确,应注意以下几点:①用征询语,采用商量的方式先接近对方,唤起对方的倾听意愿。②注意观察倾听者的表情,寻找切入正式话题的时机。③一旦切入正式话题,注意归纳谈话要点。做到主题明确,言简意赅。④话题结束,用征询语征求对方的意见,以判断对方的态度及谈话是否达到目的。⑤重点细节如果对方理解不够,应重新提示,并做出易于理解的解释。

2. 表达要渗透情感。要想唤起对方倾听的兴趣,说话人应使自己的语言符合听者的情感要求,充分尊重对方,唤起对方的共鸣,即我们通常所说的“晓之以理,动之以情”。如果对方观点不合情理,可以说“从某种角度上看你说得有一定道理,但是由于……所以……”或者说“这件事如果这样处理,你看效果是不是更好些”等等,让对方在自尊心满足的前提下接受你的意见，效果会更好。

3. 表达自己意思的同时，要学会耐心倾听他人讲话。这方面的训练是：①努力在内心培养对对方讲话的兴趣。②要善于概括对方说话的要点。③要协助对方把话说下去。④要善于听出对方的弦外之音。⑤要从容不迫、游刃有余于谈笑之间。这样才能把自己的意思更好地表达出来。

4. 培养谈笑自如的能力。语言交流中经常会出现怯场现象，主要是对说话场面不适应。有的同学课下唧唧喳喳，说个不停，一到正式场合，话未出口，自己先紧张起来，说起话来结结巴巴，语无伦次。想要培养谈笑自如的能力，应做到：①尝试将听众当做自己的好朋友。为了避免紧张心理，谈话时，不妨在脑海里设想一个场面：我面对的听众是自己的好朋友、好同学，那么说起话来肯定就轻松愉快了。②保持一种成功者的心态。不能谈笑自如者，往往是有心理上的因素，总是怕说不好而遭人嘲笑，于是就背上了思想包袱。因此要培养自己的强者意识，造就一种自我成就感。比如你做了一件自己十分满意的事，得到了老师和同学的认可、赞扬，这时你不妨告诉自己：我真的不错，如果这次准备得再充分一点，兴许还能更好！经常性地自我肯定，会让自己拥有一份充实与满足感，从而更加坚定自己的自信心，久而久之，说话办事就会应对自如，自然也就能谈笑风生了。③培养自己的良好个性。培养谈笑自如的能力必须努力从完善个性入手，积极参加有意义的活动，如朗诵、演讲等，同时多方面培养个人的兴趣和爱好，以便有知识内涵，谈笑起来左右逢源。④模仿训练。仿效一些泰然自若、善于交际、活跃开朗的人的言谈举止和风度，然后根据自己的气质，养成自己说话的风格，并在平时利用各种机会经常地有目的地进行训练。

礼仪心得

第四节 师范生个人行为礼仪

案例导读

××师范学校升旗仪式

1. 主持人:××师范学校第×周升旗仪式正式开始,旗手出旗

2. 奏国歌,行注目礼

3. 国旗下讲话

4. 主持人:升旗仪式到此结束,请领导和老师们先行退场,同学们稍后有序退场。

案例分析

试分析升旗仪式时应遵守哪些礼仪?

____

____

一、师范生校园集会时的礼仪

校园集会是每个学校都有的组织教育学生的一种形式,也是每个学生参与活动进行学习的重要载体。校园集会主要有升旗、报告会、讲座、开学典礼、毕业典礼、文艺汇演、比赛、“两操”等。每个学生都离不开学校的集会,学生参加这些校园集会时,每个人不仅代表自己,更代表所在的班级。因此,举办校园集会时,在众人的关注之下,更应注意礼仪,展示出个人风采和班级的精神风貌。

（一）举行升旗仪式的礼仪

国旗是神圣而庄严的，升国旗应该是在严肃、庄重的气氛和场合中进行。学校升旗时，队伍要整齐，着装要整洁，学生最好都身穿校服，共青团员佩戴好团徽。升旗过程中，全体要庄严肃立，态度要严肃，要立正、脱帽，面向国旗，行注目礼。唱国歌要严肃准确，声音洪亮、整齐。参加升旗仪式不严肃或违纪，不仅给自己贴上"顽皮"和"不爱国"的标签，也影响别人，破坏自己所在班级的秩序和气氛。聆听国旗下讲话时，要做到神情专注，适时鼓掌（见图2-15）。

图2-15　升旗礼仪

（二）参加开学、毕业典礼，听报告会、讲座，看文艺汇演的礼仪（如图2-16）

学生参加这些集会，必须提前几分钟有序入场，保证集会准时开始。到场后，要服从组织人员的安排，按指定地点入座。各班级入座后，应快速整理好队伍，保持良好的精神风貌。

1. 集会开始后，保持安静，不要随意走动和发出声响，以免影响作报告人、演讲者，或影响晚会的顺利进行，也避免影响他人听讲、观看节目从而损坏班级荣誉。由于各种原因要进出会场，则应弯腰低声，悄悄进出，尽量不影响他人，再次入场时应坐后面的位置，不可大摇大摆走到前面。

2. 集会过程中，要做一个文明的参与者。首先要保持安静，不干扰集会正常环境秩序。其次，要尊重主持人，尊重表演者，适时鼓掌就是对他们的一种认可。除此之外，要注意保持环境卫生，不在场内乱扔垃圾，做到人走场净。

3. 集会结束后，要按秩序出场，不可一哄而散，匆匆离去。在会场门口，不可拥挤停留，否则会造成堵塞混乱，甚至造成踩踏事故。

图 2-16　校园集会

（三）参加比赛的礼仪（如图 2-17）

无论是观看比赛，还是参加比赛，都应自觉遵守观看和比赛的相关礼仪。作为参赛者，不允许冒名顶替、弄虚作假，必须严守比赛规则和赛场秩序。尊重和服从裁判，若裁判有误，应该按程序反映，不可在赛场发生争吵、大呼小叫。无论输赢都应该保持风度，把对手当成朋友，充分体现友谊第一、比赛第二，善待热心观众和关心支持自己的同学。

作为观众和拉拉队，要提前到场，为运动员鼓舞士气，做好相关服务。比赛开始后，拉拉队要表现出与比赛节奏同步，适时加油、喝彩，但不能忘乎所以地大喊大叫、吹口哨，更不能声嘶力竭，给人留下野蛮粗鲁的形象。

各班级拉拉队人员要相互支持，相互尊重，相互给对方运动员加油、喝彩，不要偏袒起哄，鼓倒掌、喝倒彩，甚至辱骂对方。本班级队伍失利后，要面对现实，保持冷静，给予安慰和鼓励，不要恶语伤人，或迁怒于胜利者和裁判。总之，观众和拉拉队人员始终要坚持“友谊第一、比赛第二”的原则，以饱满的精神状态为比赛增添和谐气氛。

图 2-17　学校运动会

（四）做“两操”的礼仪

“两操”即课间操和眼保健操，学生做“两操”能够培养良好的纪律性和集体观念，在身形姿态和振奋的学习面貌上与学生的礼仪要求是一致的，具体要求如下（如图2-18）：

快：进行曲响起，要迅速离开教室，在指定地点站好，准备做操。

静：站好后要保持安静，不要做与做操无关的事。

齐：即人数要齐，队伍要整齐，服装要整齐，动作要整齐。

美：听从广播的口令，动作准确到位，体现整齐美。女生动作要利落合拍，体现阴柔之美；男生动作要有力合拍，体现阳刚之美。

图2-18　学校广播操比赛

二、师范生在公共场合的礼仪

（一）宿舍礼仪

宿舍是师范生们生活的主要环境之一，所以，师范生在宿舍的一言一行也反映着其文化修养和思想修养。

1. 保持整洁统一

宿舍内的各类学习用品、生活用品，应按照宿舍规定，整齐、美观、统一地摆放在一定的位置，以保持良好的宿舍环境。个人物品要放在自己的橱箱内，不要随便乱扔于床上或其他公共地方。宿舍要安排值日表，每天打扫宿舍卫生；不乱倒剩饭菜、乱扔果皮等易腐烂垃圾；不乱往楼下倒水，保持干燥；不乱扔换下的衣服鞋袜，衣服鞋袜勤洗、勤换；不随意使用别人的生活用品，如牙膏、香皂、毛巾等。（见图2-19）

图2-19 学校学生宿舍

2. 遵守宿舍纪律

学生严格遵守宿舍纪律，既是尊重别人也是维护自己的正当权益。学校在宿舍管理上，都有相关规定，如：不准在宿舍区大声喧哗、起哄闹事等；不准在宿舍进行打球、练操等运动；熄灯后不得吵闹、在外溜达，不得练声、练唱、吹弹各类乐器、放音乐，以免影响他人休息；在宿舍更不能集体吸烟、酗酒、赌博，影响他人身心健康成长。同时，应爱护公物，注意人身财产安全，睡前拴好门窗，离开要关灯、关电、关窗锁门，注意用电用水安全。不私装和接电源，不使用大功率电器取暖、烧水、做饭等，以免发生短路事故。如点蜡烛、蚊香时，火源务必远离易燃的蚊帐、被褥等，保障宿舍安全。

（二）食堂礼仪

食堂也是一个公共场所，因此，师范生在用餐过程中所表现出来的礼仪，也是其良好修养的体现。（见图2-20）

吃饭前要有序排队，杜绝不文明现象；打饭时要有礼貌，不要当面抱怨饭菜不好，不要当面顶骂食堂工作人员饭菜打得少，如实在有必要，也应该委婉提出建议。古人云：食不言，寝不语。用餐时的坐姿要自然端正，避免大声喧哗；要闭口细嚼，小口吞咽，尽量不要发出声响；遇上师长要谦让，一起吃饭时，如先吃完，要打个招呼才离开。

爱惜粮食，不随便剩饭菜，尽量做到“光盘”。实在无法吃完的饭菜，要倒在指定位置的饭桶中，不要随手倒在桌上。遇上骨头、鱼刺或吃到沙粒等无法吃的东西时，应放到餐盘或自备餐具中。

图 2-20　学校食堂排队用餐

(三) 乘车礼仪

每周末放学,是学生坐车回家最聚集的时间,同学们应该有序文明乘车(见图2-21)。

在排队的时候,要保持耐心,不要起哄、拥挤、破坏队列,即使前面有你熟识的同学,也不要去插队。排队自觉与否虽系区区小节,但却能反映出人格的一个侧面。

排队的基本顺序是:先来后到,依次而行。排队时,一定要遵守并维护这一秩序,不仅要做到自己不插队,而且还要做到不让自己的熟人插队。

排队时,同学们应缓步而行,人与人之间最好保持半米左右的距离,至少不能前胸贴后背。如果别人排好了队,不要从别人的队伍里横穿过去。不得已的情况下,请先说声“对不起”。上车后,不抢位,主动给老、弱、病、残、孕者让座。在车上不吃东西,文明乘车,自觉保持车厢洁净。

图 2-21　排队乘车

三、师范生在学习场所的礼仪

（一）电脑房礼仪

电脑房是培养、锻炼学生的一个重要学习场所和实习场所，但由于计算机设备运行的特殊性，对环境和学习操作都有着特别的要求。

1. 进入电脑房要讲秩序

进入电脑房要注意保持秩序和纪律，不要你追我赶，以免损坏电脑。必须换鞋或者穿上鞋套进入。对号入座，不要随便登录别人的计算机。电脑房内的其他设施，如电扇、空调，应在管理员的授权下方能使用，不得擅自动用。

2. 上课期间要守纪律

上机时，应保持环境安静，桌面整洁。不在电脑房内吃零食，喝饮料，随地吐痰，乱扔垃圾。上课不乱用网络资源玩游戏，也不要登录非法网站传播有害信息，不胡乱制作不良资料和文件。按正确的方法开机、关机，如遇上设备障碍及时报告管理员，不得私自拆卸。（见图2–22）

图2–22 电脑房上课

（二）琴房礼仪

对于师范生来说，琴房是重要的专业技能学习场所。每个人遵守礼仪、保障秩序是有效练琴的重要前提。

1. 遵守安排，有序练琴

非上课时间练琴应在规定时间内。学生凭证领取琴房钥匙进入琴房，勿随意替他人领取钥匙或占用琴房。练习前应检查琴房内所有设施，如钢琴、风扇、电灯、门窗等，如有损坏

应及时上报。练习完成后需要做好四件事：盖琴、关灯、关窗、锁门。（见图2-23）

2. 爱护财物，文明用琴

练琴时，只允许将相关教材和乐谱放在钢琴上，不要在钢琴上点蜡烛、放钥匙等其他硬物，更不得因感情宣泄随意按着琴键乱弹一气，以及在钢琴上、桌椅上、墙壁上乱涂乱画、乱刻、乱粘贴。遇上钢琴故障应及时报告老师，不能私自拆钢琴。经常打扫，爱护琴房卫生，不乱扔垃圾，不随便吐痰，不带零食进入。练琴时不做任何与琴房无关的事，如聊天、谈情说爱、嬉戏玩闹等。

图2-23　琴房上课

（三）练功房礼仪

练功房是师范生比较特殊的专业练习场所，各方面都有着特殊要求。（如图2-24）

1. 着装规范、专业

学生要着舞蹈服，穿练功鞋，不适合着牛仔裤或高跟鞋等质地比较硬的服饰进入练功房训练，否则难以达到训练效果，也容易破坏场地。

2. 注意卫生，保持整洁

练功房脱换的鞋子、衣服应在规定的地方摆放整齐。讲究卫生，不携带零食和与学习无关的东西进入练功房，不随地吐痰，不乱扔纸屑等杂物。

3. 文明礼让，互不干扰

非上课时间使用练功房进行训练和排练节目，应遵循先来后到的原则。文明礼让，勿凭借人多排挤先到练功房的同学。若多人在同时训练，应互相谦让，不抢镜，不碰撞。

图 2-24　练功房上课

礼仪心得

第五节 师范生社会交往礼仪

案例导读

王勤同学被学校安排到一家幼儿园实习，这家幼儿园的园长正好是她母亲，她跟在大班老师后面学习。中午用餐时因为咿巴嘴被师傅说得脸红了，心情不太好。正值今天中午轮到她在办公室值班，这时，电话铃响了起来，王勤不情愿地走到电话边，此时电话已经响了好几声了，她不耐烦地说："喂，你找谁？""麻烦帮我叫一下小二班的王老师好吗？她手机没接，谢谢！"王勤边吃着东西边说："她不在，没事我就挂了。"没等对方问完就把电话挂了。下午上班时间到了，这时园长走进值班室，王勤同学见状，高兴地直呼说："妈妈，你来啦！那我去班上了！"然后蹦蹦跳跳地准备离开，园长说："这里没有妈妈，只有园长。"

案例分析

王勤在与他人交往时哪些言行举止做得不妥？

____

____

一、电话礼仪

如今，电话已经成为现代人社会交往中必不可少的通信工具。在这种不见其人只闻其声的交往中，电话礼仪能让双方感觉到对方的声音与态度。电话礼仪不仅仅反映了每位接听者的情绪、文化修养和礼貌礼节，同时也反映了一个公司、单位、员工的整体素质。在日常生活中,人们可以通过电话粗略判断对方的性格、人品。因而,掌握正确的、礼貌待人的打电话方法是非常必要的。电话仿佛是个琢磨不透的宝贝,运用得体,它会带来成功,运用不当,它又会成为人们交往中的绊脚石。

(一)通话时间

给别人打电话,如果是工作上的事情,一般选择上班时间比较合适。往办公室打电话,以上午十点左右或下午上班以后为好;午休时间,即中午12点半到下午上班时间,一般不要打电话,以免影响别人午休。

休息时间一般不给别人打电话,如果有事,也不要在晚上10点以后、早上7点之前给别人打电话。一般往家中打电话,以晚餐以后或休息日下午为好,因为这些时间比较空闲。如果有万不得已的急事需要打电话,你第一句话要说:“抱歉,事关紧急,打搅你了。”

在向对方打电话时,要考虑对方的时间,礼貌地询问:“请问现在说话方便吗?”如果正在处理事情,或者很多人在场的时候有来电,则应该对旁边人说:“抱歉,我接个电话。”然后到一旁接听。如果三言两语说不清楚,则应该对对方说:“抱歉,现在正忙,待会处理完了给你打过去。”不要让旁边人等待你过长的时间。当然,事情完了一定要记得回复电话。

(二)规范用语(见表2-1)

电话接通后,主动问好,“你好”“早上好”……,不要说:“喂”,报上自己的单位、姓名,并问明对方单位或姓名,得到肯定答复后再进行交谈。不要让接电话人猜自己是谁(尤其是长时间没见的朋友、同事),避免使对方感到为难。

表2-1 电话规范礼仪语一览表

电话非规范礼仪语	建议规范用语示例
你找谁?	请问您找哪位?
有什么事?	请问您有什么事?
你是谁?	请问您贵姓?
不知道!	抱歉,这事我不太了解。
我问过了,他不在!	我再帮您看一下,抱歉,他还没回来,您方便留言吗?

(三)电话仪态

打电话过程中要做到不吸烟、不喝茶、不吃零食,即便是坐姿的懒散,对方也能够“听”得出来。如果你打电话的时候,弓着腰或躺在椅子上,对方听你的声音就是懒散的、无精打采的。坐姿端正,所发出的声音会亲切悦耳,充满活力。接听电话时要当成与对方面对面交谈,因为你愉快的情绪可以通过你的声音传递给对方。所以,在打电话时,即使看不见对方,也要当作对方就在眼前，尽可能注意自己的姿势，以保证声音清晰，同时要面带微笑，保持愉快的情绪，语调明快、温和，态度友好。(如图2-25)

图2-25 接电话体态

打电话要尽量避免在公共空间，例如影剧院、会议中心、餐厅、公交车、地铁、商场等，在这些场合旁若无人地讲电话对别人就是噪音骚扰，任何一个有教养的人都会避免在公共场合打电话。

当通话结束，谁先挂电话？通常标准的做法是：地位高者先挂，以显示对地位高的人的尊重。例如，老师和学生通话结束老师先挂，领导和员工通话结束时领导先挂，晚辈和长辈通话结束时长辈先挂。当然，绝不能在对方还没有把话说完的情况下就挂掉电话，这是非常不礼貌的行为。如果拨错电话，请务必道歉。

二、交通礼仪

(一) 行路礼仪

在日常工作、学习和社会生活中，任何人都离不开走路。在这平常的走路活动中，同样包含着一系列的礼仪要求，同样需要注意讲求公德礼仪，遵守交通规范。

1. 遵守交通规则。在路上行走或过马路时要走人行横道(如图2-26)，不走非机动车道和机动车道，切记要让出专用的盲道。如果是路口，一定要等绿灯亮了，再看两边没车时才通过。在没有人行道的马路上，应尽量靠边行走。

图2-26　小学生路过斑马线

2. 行人之间要互相礼让。在特别拥挤的地方，要有秩序地通过，遇到老、弱、病、残、孕要照顾他们。不管是撞了别人还是踩着别人的脚，都要主动道歉；如果是别人踩了自己的脚或碰掉了自己的东西，要表现出良好的修养和自制力，宽容和气地说“慢一点，别着急”。

3. 走路遇到熟人时，应主动打招呼，不能视而不见，把头扭向一边。如果在路上碰到久别重逢的朋友，想多交谈一会儿，不要站在路中间或拥挤的地方，以免妨碍交通，增加不安全因素，应靠边站立。

4. 走路要目光直视，不要东张西望，左顾右盼。遇到不相识的女性或男性，不要久久注视，甚至回头追视，这样会显得缺少教养。

5. 保持良好走路姿态。走路时抬头挺胸收腹，不摇头晃脑，不含胸驼背；目光平视，不左右乱扫；步伐匀速，稳健。

6. 不要边走路边吃东西。这样既不卫生，又不雅观。如确实是肚子饿或口渴了，可以停下来，在路边找个适当的地方，吃完后再赶路。走路时要注意爱护环境卫生，不要随地吐痰，随手抛弃杂物。

7. 问路态度要诚恳，语言要文明，问完要致谢。如遇人问路，要热情帮助，正确地指定方向；若不知道，要向对方说明。

8. 行路时应与他人保持适当距离，不要和他人离得太近，避免给他人造成紧张和不自在。与陌生人合适的距离一般是3米之外。如是恋人、夫妻及关系极其亲密的同性朋友，一起行路时，不要勾肩搭背、搂搂抱抱，表现得过分亲密。

9. 上下楼梯时，应靠右而行，将左侧通道留出来，以便于有紧急事务的人快速通过。不要站在楼梯上或楼梯转角处长谈，有碍他人通行。上楼时尊者、女士在前；下楼时则相反，位低者在前，尊者、女士在后。不要在上下楼梯时快速奔跑。

（二）乘电梯礼仪

1. 乘自动扶梯礼仪

多人乘坐时不要并列站，通常站在右侧，左侧留给需要快速通过的人（如图2–27）。在自动扶梯上不可跑动，不可逆行，防止发生危险。乘坐扶梯时要搀扶老人或看好小孩。

2. 乘升降式电梯礼仪

乘电梯时，电梯载客已满，应等待下一趟。当电梯门开始关闭时，不要强行挤入或扒门。当电梯在升降途中因故暂停时，不要惊慌失措，可采取必要的报警呼救措施，做到安全第一。

乘电梯时，遵循“尊者为先”的原则，晚辈礼让尊长，男士礼让女士，职位低者礼让职位高者。先按一下电梯口的上下按钮，站到电梯的一侧。电梯到达后，先出后进，注意秩序。

乘电梯时，如站在开关处，应做好开关的服务工作。若电梯行进中有其他人员进入，可主动询问要去几楼，帮忙按下。当伴随客人或尊长乘坐电梯时，可先行进入电梯，一手按“开门”按钮，另一手按住电梯侧门，礼貌地说“请进”。进入电梯后，按下客人或尊长要去的楼层按钮。到达目的楼层，请客人或尊长先出电梯。

图2–27　乘自动扶梯礼仪

（三）乘交通工具礼仪

1. 乘坐公交车与地铁礼仪（如图2–28）

（1）排队候车，按顺序上车买票

要在指定地点候车，等车停稳后再上下车。尤其是在早晚上下班的高峰时间，人流量比较大，如果乱哄哄挤成一团，相互拥挤之间既耽误了大家的时间，又容易造成一些不愉快的事情，甚至发生意外伤害事件。因此，在候车的时候应该按照到达的先后，在站台上排成候车队伍，依次上下车。乘公交车时前门上后门下，上车后主动投币或刷卡。

图2-28 乘坐公交车与地铁礼仪

(2) 互谅互让互宽容

上车后应将随身所带的物品放到适当位置，不要把它放在座位上或挡在过道上。在排队候车、上车的时候难免会出现一些不经意的小碰撞、小摩擦，大家应该相互体谅，碰到别人的一方真诚致歉，而另一方也不要过分计较。乘车时，当他人为自己让座，要立即道谢，如果自己不打算去坐，则应有礼貌地向对方说明，如“谢谢”“我马上就要下车了”等。主动为老、弱、病、残、孕妇和抱小孩的乘客让座。

(3) 讲究车内卫生，确保安全

自觉保持车厢、车站的清洁卫生，不在车厢内和车站吸烟、吐痰、乱丢废弃物，不向窗外扔垃圾。不在车内嬉戏打闹，乘车时不将头、手伸出窗外。不要随便乱坐扶手、发动机盖、窗沿等处。爱护公共设施，不踩踏座椅，不乱写乱画。不带易燃、易爆和危险品上车，不私自开启车门，不在车未停稳时上下车，以确保安全。注意保管好随身物品，发现失窃应立即通知驾乘人员或报警。发生危急情况，应服从驾乘人员安排，及时疏散。

(4) 乘客着装应整齐

公交车属于公共场合，虽然公交车上没有严格的着装要求，但在衣着方面也应该注意，上下身衣着都应相对整齐。尤其是在夏天的时候，不可太短太露，更不能赤膊赤足。

(5) 不妨碍他人

雨雪天，上车时应把雨伞折拢，雨衣脱下叠好。人多时，车上遇到熟人只要点头示意即可，不可挤过去交谈。到站前，提前向车门移动时，要向别人说“麻烦您借过一下”“请原谅”

“对不起”等。

2. 乘坐轿车礼仪

乘坐轿车时，需要注意的礼仪主要涉及座次、上下车顺序、举止等三个方面。

(1) 座次

在比较正规的场合，乘坐轿车时一定要分清座次的主次，而在非正式场合，则不必过分拘礼。从礼仪上来讲，轿车上座次的主次，主要取决于三个因素。

一是轿车的驾驶者。由主人亲自驾驶轿车时，副驾驶座不能空着。其座次由主而次，依次是副驾驶座、后排右座、后排左座。由先生驾驶自己的轿车时，其夫人一般坐在副驾驶座上。由专职司机驾驶轿车时，通常仍讲究右尊左低，但座次同时变化为后排为上、前排为下。

二是轿车的类型。吉普车，不管由谁驾驶，其座次由主而次依次是副驾驶座、后排右座、后排左座。四排以及四排以上座位的大中型轿车，不论由谁驾驶，应由前而后、由右而左，依距离前门的远近来排定座次。

三是轿车上嘉宾的意愿。在正式场合乘坐轿车时，为了表示对对方的一种礼遇，应请尊长、女士、来宾就座于上座。当然，不要忘了尊重嘉宾本人的意愿和选择，要将这一条放在最重要的位置。嘉宾坐在哪里，即应认定哪里是上座。即便坐错了地方，也不要轻易纠正。

上面的这三条因素往往相互交错，在具体运用时，可根据实际情况而定。

(2) 上下车顺序

基本要求是：倘若条件允许，须请尊长、女士、来宾先上车，后下车。

主人亲自驾车时，主人要后上车，先下车，以便照顾客人上下车。

乘坐由专职司机驾驶的轿车时，一般坐于前排者，要后上车，先下车，以便照顾坐于后排者。乘坐由专职司机驾驶的轿车，并与其他人同坐于后一排时，应请尊长、女士、来宾从右侧车门先上车，自己再从车后绕到左侧车门后上车。下车时，自己应先从左侧下车，再从车后绕过来帮助对方。若左侧车门不宜开启，于右门上车时，要里座先上，外座后上。下车时，要外座先下，里座后下。总之，以方便易行为宜。

乘坐多排座轿车，通常应以距离车门的远近为序。上车时，距车门最远者先上，其他人随后由远而近依次而上。下车时，距车门最近者先下，其他人随后由近而远依次而下。

(3) 举止

动作雅。穿短裙的女生上下车最好采用背入式或正出式，即上车时双腿并拢，背对车门坐下后，再收入双腿；下车时正面面对车门，双脚着地后，再移身车外。(见图2–29)

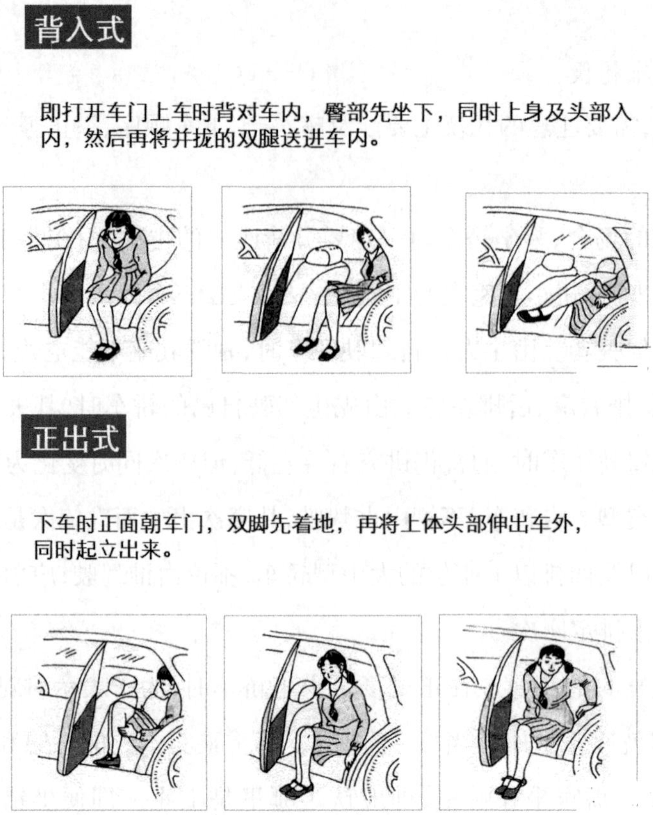

图2-29　背入式、正出式

讲卫生。不要在车上吸烟，乱吃零食，随手乱扔脏物。不要往车外丢东西、吐痰或擤鼻涕。不要在车上脱鞋、脱袜、换衣服，或用脚蹬踩座位。

顾安全。上车后如果坐在副驾驶座，应该主动系好安全带。不要与驾车者长谈，以防其走神。不要让驾车者听移动电话。不要将手或腿、脚伸出车窗。当自己上下车、开关门时，要先观察车后情况再行动，不要疏忽大意造成意外事故。协助他人上车，为其开、关车门时，应一手拉开车门，一手挡住门框上端，以防其撞头，而且不要弄出大的声响或夹伤人。

3. 乘坐其他交通工具礼仪

乘坐出租车时，应站在道路右侧招手叫车，不要在道路左侧、十字路口、人流密集的道路及交通规定禁止停车的地方招手。两个乘客同时拦下一辆出租车时，最好能做到谦让。

乘坐火车时，应排队依次检票，不要拥挤、推搡。上车后不要见座就坐，甚至抢座。若未持有坐票，就座前应礼貌地征求邻座的同意后再坐。使用行李架时，不要独占太多的空间，不要粗暴地把自己的行李放在别人的行李上；当移动别人的行李时应征得行李主人同意；往行李架上放行李时，不要穿鞋直接踩踏座位。在卧铺车厢，不要盯视他人的睡前准备和睡相；自己就寝时，应背对其他乘客。

乘坐飞机时，应带好身份证提前2小时到达机场，留有充分的时间办理登机牌并安检。大件行李要托运，超重行李要付费，排队登机，对号入座，主动关闭手机等无线电设备。在飞机上进餐时，主动将座椅椅背调至正常位置，以免影响后排乘客进餐。不得在飞机上吸烟。飞机未停稳前不抢先打开行李舱取行李，以免行李摔落伤人。上下飞机时，对空中乘务员的迎送问候应有所回应。

礼仪心得

第六节 师范生礼仪规范解读

××师范学校礼仪规范

一、参加升国旗仪式，衣着整洁，脱帽肃立。行注目礼；唱国歌严肃、准确、声音洪亮。

二、着装得体，坐正立直，行走稳健，谈吐文雅，举止文明。

三、使用好体态言语：微笑、鞠躬、握手、招手、鼓掌、右行礼让、回答问题起立。

四、使用好礼貌用语：请、您、您好、谢谢、对不起、没关系、再见。

五、见到老师要问好；上下课，起立向老师行注目礼；课上，发言先举手；课余，老师办公室或居室，喊报告或轻敲门，经允许后再进入；离校与老师、同学道别。

六、食堂就餐遵守餐厅纪律，依次排队购饭；家中吃饭请长辈、客人先就座；离家或回家要与家长打招呼。

七、对待客人或外宾，主动问候，微笑致意，起立欢迎，招手道别；递送、接受物品时，要起立并用双手。

八、对待老、幼、孕、残和军人，行走让路，乘车让座，购物让先，尊重帮助残疾人。

九、参加集会守时肃静；大会发言先向师长和听众敬礼，发言结束要道谢；观看演出、比赛，适时、适度鼓掌致意。

十、自觉遵守《市民公约》。

××师范学校学生仪表规定

一、发式

发型自然，长短适中；女生不烫发，不留披肩发；男生不烫发，染发，不留长发（两边不压耳，后面不过发际）。

二、服饰

着装端庄，整洁，服饰款式符合学生身份；穿西服至少要系一粒纽扣，穿中山服纽扣均系，穿运动服拉链至少到离衣领10厘米处；不穿怪、紧、透、露的奇装异服（如：紧身衣裤、超短裙、吊带裙等）；需要穿校服的集会，校服要穿戴整齐。

三、鞋式

不穿拖鞋、高筒靴、高跟鞋（鞋跟高度不超过5厘米）。

四、装束

朴素大方，不化妆（不抹口红、不擦胭脂、不描眉、不施粉），不拿装饰包，男、女生一律不准佩戴饰物（如：戒指、项链、耳环等）

××师范学校学生常规管理制度一日常规要求

响铃起床，梳洗整顿；
文化早餐，持之以恒；
坚持两操，快静齐准；
教室听课，满勤专心；
排队就餐，礼让文明；
课外活动，活跃身心；
早晚自习，聚精会神；
按时就寝，灯熄话停。

附:

××市市民公约

言和行,要文明;讲礼貌,树新风。

拥护党,志坚定;爱祖国,心赤诚。

勤学习,求上进;重科教,长本领。

爱劳动,尚节俭;讲卫生,护环境。

爱集体,惜公物;爱岗位,守章程。

友四邻,助孤残;敬师长,睦家庭。

晚婚育,有计划;破陋习,法纪明。

好市民,守公约;齐发奋,讲诚信。

礼仪心得

第三章　幼儿教师礼仪

【目标导航】

礼由心生，而后成仪。本章首先介绍了幼儿教师的仪容、仪表、服饰、语言、微笑、仪态、文化知识、心理情感等礼仪素养内容，在此基础上，从与幼儿、同事、家长、社会交往等方面，阐述了幼儿教师礼仪活动规范。

本章的学习目标：

1. 知道幼儿教师礼仪素养的基本内容，认同其重要性；

2. 掌握与不同对象交往时的礼仪规范，重点掌握一日活动中师幼交往礼仪规范；

3. 通过以上目标的学习，认识幼儿教师礼仪素养及规范水平对儿童终生发展的重要意义。

第一节 师表礼仪素养

案例导读

王丽和李芳是某中专幼儿教育专业的应届毕业生，她俩同时被当地一家知名幼儿园聘用。

上班的第一天，王丽和李芳希望自己能给幼儿园的领导、同事、孩子和家长留下一个好的印象。

皮肤黝黑健康的王丽五官甜美，身材修长匀称，是老师中的“黑美人”。这天，她在自己的面部涂上象牙白的粉底液，戴上长长的假睫毛，穿上流行的低腰喇叭牛仔长裤和带钻高跟鞋，配上披肩的大波浪长发，上班的路上赢得了颇高的回头率。

李芳，梨形脸，天生一对粗黑浓密的剑眉，别看她身材矮胖，相貌平平，在校时可是出了名的勤奋努力，正是因为优异的成绩和表现使她从众多的竞聘者中脱颖而出。这天，她仍像往常一样将头发全部高高束起，随意穿了件磨损得起球的毛衣和弹力牛仔裤，信心满满地去上班了……

案例分析

试分析两位老师上班时的着装是否符合职业场合？

一、仪容礼仪

幼儿教师应该注重仪容的修饰，因为仪容是个人形象中至关重要的组成部分，是自然美、修饰美和内在美的高度统一。它不仅反映着个人良好的精神面貌和职业素养，更体现了你所在幼儿园的外部形象、品质和文明程度。幼儿教师健康、整洁、得体、美观的仪容能赢得孩子们的喜爱，更能赢得家长的尊重和社会的认可。幼儿教师仪容礼仪包括发型设计、面部妆容和卫生细节三个方面。

（一）发型设计

一个人被注视的重点，在正常情况下，往往是从头开始的。头发是人体天然的装饰品，健康的发质、得体的造型会给人留下十分美好的印象。幼儿教师的发型不但要美观大方，富有现代感，还要考虑到职业特点。幼儿教师在上班时间，选择发型时一定要考虑所要遵循的特殊要求。通常情况下，女教师头发应前不遮眼、后不披肩，特别要注意超过肩的长发应束起或盘起，不可随意披散于肩背。男教师头发应前不覆额、侧不掩耳、后不及领、面不留须，不留大鬓角。超长、蓬松或色彩艳丽的头发会引起孩子的注意，不方便日常教学指导。在工作时间以外，幼儿教师则可根据自己的个人特点和喜好自由选择适合自己的发型。要想拥有健康的发质并找到合适的发型，应注意以下几个方面：

1. 头发的清洁与保养

首先应了解自己的发质。根据头发的油性程度，可以将头发分为中性发质、油性发质、干性发质。根据发质选择适合的洗护产品，养成周期性的洗发习惯，一般每周洗2~3次即可。洗前先将头发梳理通顺，湿润后用洗发用品轻揉，并用指腹轻轻按摩，切忌用指甲抓挠头皮，最后用清水冲洗干净。

其次要勤修剪。男教师或女教师的短发至少每月剪一次。女教师一定要勤于打理自己的前额刘海，避免过长遮眼，既影响美观又伤害视力。要勤于梳理头发，但尽量避免当众进行。梳理的断发和头屑不可随手乱扔。

2. 头发的美化与发型设计

（1）头发的美化

美发通常包括烫发、染发，还可佩戴假发、发饰等。经过修饰后的头发必须以美观、简约、典雅、大方为主导风格。幼儿教师一般不宜染发，特别不提倡染夸张彩发和佩戴假发，佩戴发饰应该简单典雅。若非与工作制服配套，在工作岗位不宜戴任何款式的帽子。

（2）发型设计

发型是面孔最有力的装饰品，适合的发型不但可以彰显脸型的优点，还可以调节脸型与发型间的平衡。

找一张前额无刘海的头部照片，最好能放大到五寸左右，沿脸的轮廓点上点，并将这些点连接起来，就会得到脸的形状，然后就能确定脸型。（如图3-1）一般可以按“脸型与发型反向互补”法则锁定适合的发型区。长形脸的人应该尽量避免过长或过短的发型，而且最好剪刘海，增加侧发的发量，缓和纵长的脸部轮廓，还适合烫卷发，或是在发尾烫卷发；短脸型，发量应在上边，增加发顶的高度，使脸型稍显拉长，避免短的刘海和面颊两侧的头发隆起，宜侧分发缝，梳理垂直向下的发型；直发的纵向线条可以在视觉上减弱圆形脸的宽度，是圆形脸的首选发型；宽脸型，则上边的发量要宽过下边。

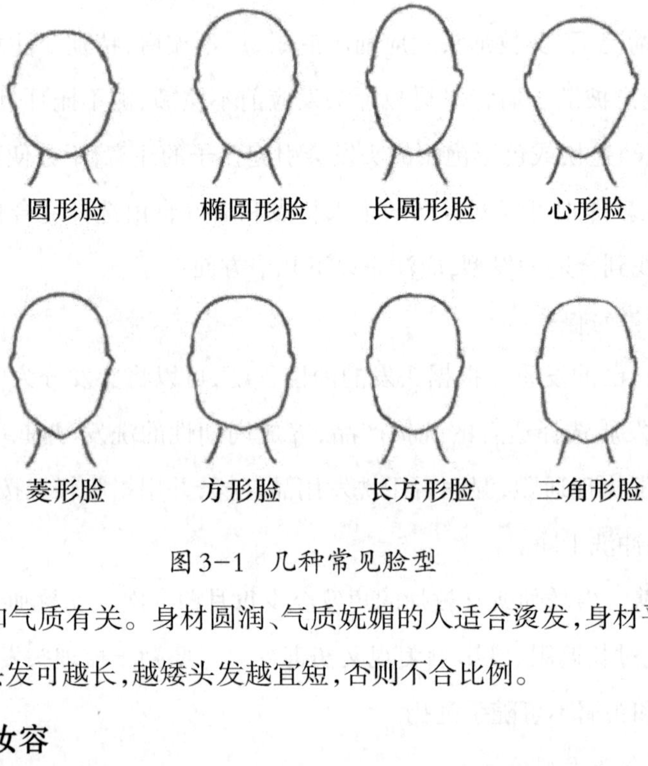

图3-1　几种常见脸型

发型还与身高和气质有关。身材圆润、气质妩媚的人适合烫发，身材平直、干练率性的人适合直发。越高头发可越长，越矮头发越宜短，否则不合比例。

（二）女教师妆容

通过化妆品和艺术描绘的技巧，对面部五官进行装扮，以达到美化容貌、增强自信和尊重他人的效果。现代社会，对于幼儿女教师而言，适当的化妆是提倡的。

1. 女教师的化妆

（1）幼儿教师在工作时应注意自己的妆容要自然、大方、淡雅，切忌浓妆艳抹，特别是不能使用有刺激性味道的化妆品。

(2) 化妆就是扬长避短,尽量凸显自己的优点。

(3) 化妆要避开人。不管是化妆还是补妆,都要注意避免在公共场合进行,幼儿教师更应注意不要当着幼儿的面化妆,以免幼儿效仿。

(4) 突出个性,整体协调。化妆不要盲目跟随潮流,要选择适合自己特点的妆容,注意与服装色彩和配饰搭配协调,使妆容具有整体和谐的美感。

(5) 妆面须配合不同场合的光线(如自然光、舞台光)。自然光光线柔和、匀称,妆容应清淡自然,粉底的颜色与自身皮肤的本色接近,不宜涂得太厚。舞台光通常非常强烈,明暗效果悬殊,要做到局部欣赏时突出、醒目,远距离欣赏时整体感强,协调、清晰,可以适当添加闪亮颜色,以突出舞台效果。

2. 化妆品和化妆用具(如图3-2)

(1) 底妆

粉底和散粉:粉底是最常用的遮盖皮肤瑕疵、调整皮肤色调和增强面部立体感的化妆品,可分为乳液状粉底和膏状粉底。膏状粉底适用于面部瑕疵过多或舞台妆等浓妆,一般生活妆选择乳液状粉底。现在市面上很流行多功效BB霜,它集护肤与彩妆于一体,基本集合了粉底+隔离+遮瑕+护肤的功能。散粉也称蜜粉,为颗粒细致的粉末,在涂完粉底后使用,可使皮肤与粉底结合更为紧密,防止脱妆,使肤色更自然。

涂粉底和定妆的工具:粉底海绵是涂抹粉底的用具,质地细密的三角形或菱形海绵是涂抹粉底的首选,可以用于涂抹鼻子或眼睛下部的狭小部分,其平坦的一面可用于大面积地涂抹。粉扑是按压散粉的定妆工具,要选择纯棉且质地细密的制品。

(2) 眼妆

眼影:眼影是加强眼部立体效果、修饰眼形以衬托眼部神采的化妆品,一般有粉状和膏状两种。工作时宜选择咖啡色系的眼影,自然大方又便于塑造眼部立体感,也是黄皮肤的东方人的首选。画眼影通常使用眼影棒或眼影刷。

眼线饰品是描画睫毛线的化妆品,是调整眼形和增加眼部神采不可或缺的必备品。主要有眼线笔、眼线液、眼线液笔和眼线膏等。一般选择黑色、黑灰色和深棕色的芯质柔软的眼线笔,工作时不宜画色彩夸张的眼线,如蓝紫色。

图3-2　几种常见化妆品及化妆用具

睫毛膏用于修饰睫毛，可使睫毛浓密，增加眼部神采和魅力。在日常妆中通常选用黑色睫毛膏，可根据自己的实际情况选择加长型或加密型。需要强调的是，在幼儿园日常工作中，不提倡使用睫毛膏（或假睫毛），即便使用也应该注意把握分寸，长度卷度不宜过于夸张。

睫毛夹是用来卷曲睫毛，增强眼部神采的工具。

眉笔是描画眉毛的工具，芯质较眼线笔硬，颜色宜选择棕色和灰色，一般强调同发色协调，过浓会压住眼睛的神采。

（3）唇膏

用于强调唇部色彩及立体感，能改善唇色，调整、滋润和营养唇部。日常妆一般选择淡雅自然的并与眼妆和服装色彩协调的唇彩。

3. 化妆步骤及方法

清洁保养皮肤后，用微湿的化妆海绵或指腹取适量粉底液点于双颊、额头、鼻梁和下颌，用点拍的方法将粉底液涂抹均匀，眼睛周围和鼻翼两侧很容易残留粉底液，最好使用指腹将其一一推匀，以粉扑用轻轻按压的方法定妆，吸收多余的粉底液和油脂。

使用海绵棒或眼影刷蘸取适量眼影粉对眼睑进行晕染，可根据需要选择结构画法或水平晕染法，接着使用黑色眼线笔勾勒流畅的眼线，注意眼线应内眼角细外眼角粗，并贴紧睫毛根部，以便使眼线更加真实自然。

用睫毛夹从睫毛根部、中部和梢部分别按压使睫毛弯曲，但要避免弯曲弧度过于夸张而显生硬，之后用睫毛刷蘸取睫毛膏，从睫毛根部向上、向外涂刷，待其完全干后再眨动眼睛，以防弄脏眼部皮肤。

选择适合自己脸型的眉形（“脸型与发型反向互补”法则同样适用于修眉和画眉），如长脸选择一字眉，圆形脸选择高挑眉，方形脸选择上扬眉。使用棕色眉笔，按眉毛的生长方向轻轻勾画眉毛，描绘要自然柔和有立体感，切勿将眉毛描画得浓黑生硬而没有生命力。修眉应在涂抹粉底之前进行，以免修落的眉毛弄脏妆面。

最后刷上自然协调的唇彩和腮红。(见图3-3)

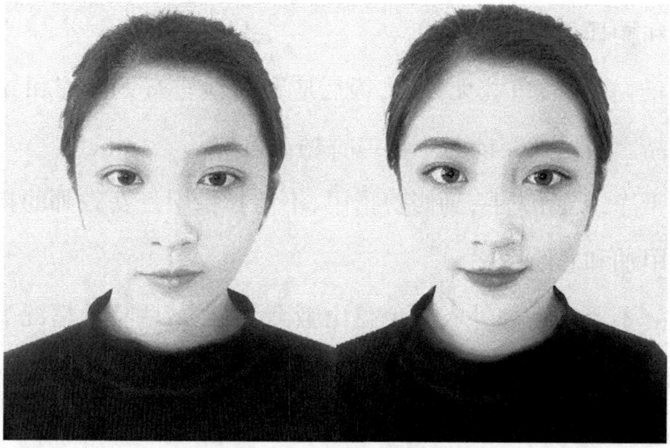

图3-3　化妆前后对比

(三)男教师妆容

幼儿园男教师应该保持面部清爽干净,显示阳光、亲和和刚毅的气质。男教师在生活和工作中的某些特定场合也需要化妆,如出席一些重要场合、拍照、摄像等等。男教师化妆无须着重细节描绘,主要突出其气质与力度,其化妆目的就是强调男性的阳刚之美。强调肤色的统一性,以加强皮肤的光泽、质感为本,要做到不露痕迹。如重点强调挺立的鼻梁、浓密的眉毛和丰厚的嘴唇,要充分体现男子汉的刚毅感。

肤色的修饰:选择透气性强并与肤色协调的粉底,用量要少,定妆时,粉量要少,通常只在易出油的"T"字部位定妆,定妆要自然真实。

鼻梁的修饰:在鼻部化妆,可适当使用些提亮色涂抹在鼻梁上,使鼻子挺立,用稍深的粉底色收缩鼻翼,使鼻形趋于完美。

眼睛的修饰:生活中的男性化妆一般不涂眼影,而是通过眼线强调眼形及眼的神韵,男性的眼线不同于女性,不能有形状,要做到里深外浅且靠近睫毛根部,可在画好眼线后用棉签将其边缘轻轻揉开。

眉毛的修饰:多采用填充式画眉方法,用棕黑色或灰黑色眉笔顺眉毛长势根据需要一根根的描画,或用眉刷蘸眉粉刷出眉形,使眉毛自然不留痕迹。眉毛要有力度并配合脸型。

(四)卫生细节

注重卫生细节、养成良好的个人卫生习惯,是幼儿教师必须具备的职业素养。

1. 勤于洗脸,注意保持眼部的清洁,无眼垢、无泪痕,如眼部出现充血、炎症,应及时治疗。眼镜端正,洁净明亮,不佩戴有色眼镜、墨镜,更不允许使用造型色彩夸张的镜框和彩色眼镜。

2. 保持鼻部、耳部和颈部的卫生清洁，无鼻垢、耳垢等，擦鼻涕时应注意用纸巾擦拭，切不可当众挖鼻孔和掏耳朵。

3. 保持牙齿洁白整齐，口腔无异味，饭后应及时检查有无残渣和异味，避免吃气味浓厚且难于清理的食品。与他人交谈时不嚼口香糖或槟榔。

4. 保持手部干净，要勤洗手，勤修剪指甲，不留长指甲。女教师的指甲油以透明色为宜，不描画鲜艳的指甲油和彩绘图案。

5. 女教师最好不要穿无袖外衣以免露出腋窝，但在某些特殊情况下（如在夏季或表演舞蹈）必须穿无袖衣时，应注意一定要剔除腋毛不使其外露。男教师则应经常修剪鼻毛，不让其暴露，胡子应刮干净，不留长胡子、络腮胡子或其他奇形怪状的胡子。

6. 勤洗脚，勤换袜子，定期换洗鞋子，不裸大腿，不赤脚。

7. 勤洗澡，勤换衣，使身体保持干净健康，不擦气味浓烈的香水。

二、仪表礼仪

美国心理学家彼得·罗福认为，一个人的服装不仅表现了他的情感，还显示着他的智慧。莎士比亚说："服装可以表现人格。"孔子说："见人不可以不饬，不饬无貌，无貌不敬，不敬无礼，无礼不立。"由此可见服装是一种无声的语言。幼儿教师是幼儿生活及各项活动的组织者，注意仪表不仅可以体现幼儿教师的精神气质、格调情趣、学识修养和文明程度，还会潜移默化地影响着幼儿。得体的着装不仅能给幼儿以美的熏陶和感染，还有利于进一步培养幼儿的审美观。

幼儿教师的着装不仅要充分体现教师职业特点和审美情趣，而且要体现幼儿教师热爱生活的精神风貌和活泼有亲和力的特性。一般来说，服装的选择和搭配不但要与发型、妆面、配饰等各部分整体协调，适合自己的年龄、性别、性格和体型特点，还要明确着装的时间、地点和目的。

幼儿教师着装要兼顾幼教职业的特殊性，努力将职业形象和个人形象完美结合。以下从服装色彩、服装款式、服装质量和不同场合的着装等几方面来探讨分析。

（一）服装色彩

日常生活中给别人的印象，往往先来自于整体感觉，而且是先"色"后"形"。"得体"，不仅仅只与自身"形"的比例适当，更重要的是与自身的色彩特征形成和谐关系。服装的色彩与人体的颜色、体型特点、场合等有关。着装时不仅要使服装色彩的搭配整体协调、富于美

感，更重要的是要选择适合自身的服装色彩来衬托个人的气质和神采。（见图3-4）

图3-4 幼儿园师生服装

1. “四季色彩”理论

“四季色彩”理论，就是把生活中的常用色，按基调的不同进行冷暖划分和明度纯度的划分，进而形成四大组具有和谐关系的色彩群。每一组色彩群的颜色刚好与大自然四季的色彩特征吻合，分别命名为“春”“秋”“夏”和“冬”（冷色系）。

学习“四季色彩”理论，目的并不是把一个人框定在一个固定色彩范畴里，其真正意义在于能适当懂得着装的色彩规律，提升色彩驾驭的能力，知道自己的最佳颜色、次佳颜色等，从而能在日常生活工作，特别是人生一些非常重要的场合中巧妙地运用色彩来彰显自己。

2. 人体体色特征

人与万事万物一样，都是有颜色的。在通常的认识中，以为中国人或亚洲人都是黄皮肤、黑头发，但其实只要稍稍留意一下周围的人就会发现，人的皮肤、毛发等色调是非常不一样的。人体色包括皮肤、毛发色、唇色、瞳孔色、红晕色等等，是每个人与生俱来的，除非特意改变或疾病，正常情况下它会像人的血型和指纹一样，伴随每个人一生。

掌握人体色是正确指导每个人选色、用色、配色的依据和原则。在人体色中，头发颜色可以任意漂染，唇色和眉色可以任意描画纹染，甚至瞳孔色也能用有色隐形眼镜来改变。肤色相对稳定，在人体中所占面积比例最大，是人体色特征的主要参考对象。

3. 特征搭配技巧

（1）春季型

春季型人的服饰基调属于暖色系中的明亮色调，在色彩搭配上应遵循鲜明、对比的原则突出自己的俏丽，颜色不能太旧、太暗。春季型人使用范围最广的颜色是黄色，选择红色时以橙红、橘红为主。黑色是最不适合的春季型，过重的颜色会与春季型人白色的肌肤、飘逸的黄发不和谐，会使春季型人看上去显得黯淡。

(2) 夏季型

夏季型人给人以非常柔和优雅的整体形象，属于冷色系的人。夏季型人适合以蓝色为主的低调的柔和淡雅颜色，这样才能衬托出她们温柔、恬静的个性。夏季型人适合穿深浅不同的粉色、蓝色和紫色以及有朦胧感的色调，不太适合藏青色。在色彩搭配上，最好避免反差大的色调，适合在同一色相里进行浓淡搭配。

(3) 秋季型

秋季型人的服饰基调是暖色系中的沉稳色调，浓郁而华丽的颜色可以衬托出秋季型人成熟高贵的气质，越浑厚的颜色越能衬托出秋季型人陶瓷般的肌肤。所以，秋季型人是四季中最成熟而华贵的代表，最适合的颜色是金色、苔绿色、橙色等深而华贵的颜色。选择红色时，一定要选择砖红色与暗橘红相近的颜色。纯正的灰白色或浅色，以及鲜艳颜色的衣服会使秋季型人显得不协调。

(4) 冬季型

在四季颜色中，只有冬季型人最适合使用黑、纯白、灰这三种颜色，藏青色也是冬季型人的专利色。冬季型人最适合纯色，在各国国旗上使用的颜色都是冬季型人最适合的色彩。选择红色时，可选正红、酒红和纯正的玫瑰红。但在选择深重的颜色的时候一定要注意色彩对比，只有对比搭配才能显得惊艳、脱俗。

（二）服装款式的选择

服装在美观性上最本质的功能，通俗地说就是“弥补”和“粉饰”身材。能让身材扬长避短的款式才是适合的款式。着装款式的选择与体型、身体各部分比例、气质等都有很大的关系。

1. 与脸型的关系（见表3-1、图3-5）

表3-1 各种脸型与领口搭配

	长形脸	圆形脸	三角形脸	倒三角形脸
适合	一字领、圆领、立领和中式领的服装	V字领、马鞍形领的服装，服装的条纹最好是竖纹	尽量选择尖领、小圆领、长圆领的服装	圆领口、立领口、船形领、方领口的服装，选择范围较大
不合适	不宜选择领口深、显颈长的服装	圆领、高翻领，以免显得脸更圆	不宜选择方口领、菱角口领	尖领口、V字领，会使面部感到消瘦

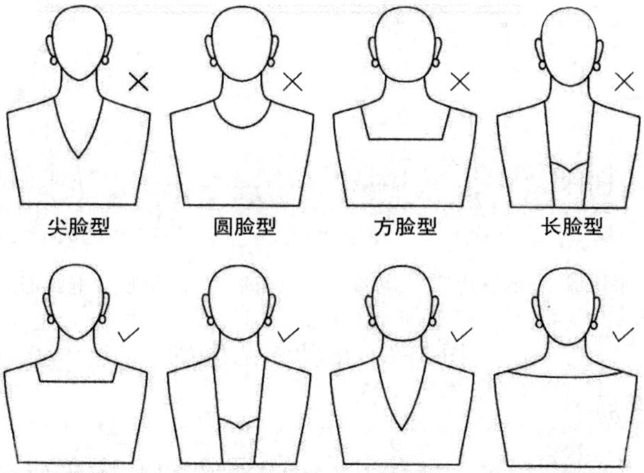

图3-5　几种常见脸型与领口搭配示例

2. 与脖颈的关系(见表3-2)

表3-2　脖颈与服饰搭配

	脖颈较长	脖颈较短
适合	穿高领服装,可在脖子上系丝巾或戴短项链	V形领口或开领、低领等,穿衬衣时领口不宜系扣
不适合	V形领口服装,戴长项链	高领、佩戴短项链,丝巾系在脖子上

3. 与肩宽的关系(见表3-3)

表3-3　肩宽与服饰搭配

	肩　宽	肩　窄
适合	插肩袖式样,深的圆形、V形领口,衣服尺寸裁剪要合体	选择宽阔而又浅平的领口,泡泡袖的衣服及大垫肩的样式
不适合	泡泡袖、过宽或浅平的领口,及肥大、宽松或有垫肩、肩式的衣服	插肩袖式或露肩上衣,窄而深的领口及下摆很大的裙子

4. 与形体的关系

亚洲人的体型特征,有多种分类说法,比如:平均型、倒三角形、矩形、三角形、沙漏形、椭圆形、瘦型等(见图3-6);也可以分为:上长下短型、平胸型、三角形、丰字形、H形、T形和b形。不同的体型适合的服装款式和装扮特点是不同的。

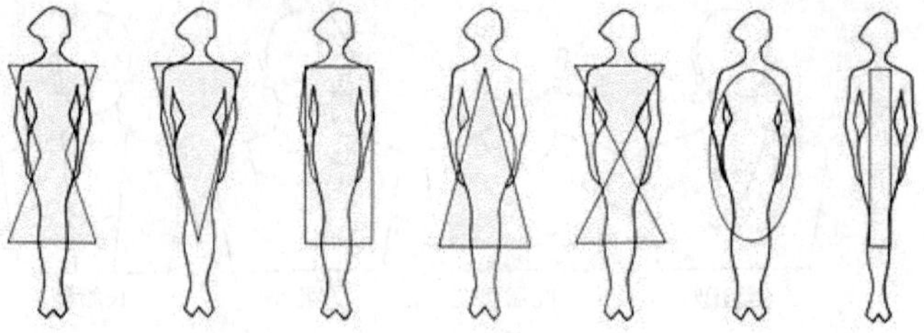

图3-6　几种常见体型

（1）上长下短型体型

适合穿长裙，不太适合穿裤子。选择上衣时宜选择高腰款，不要穿长上衣。如果一定要选择裤子，尽量选择大腿部和臀部分界不太清楚的设计，其中尤以裙裤为佳。

（2）平胸型体型

宜选择胸下有活褶的设计，强调胸部的立体造型。适合浅色和花色的上衣以及各种突出波希米亚风格的流苏、花边，这样的设计易使人产生视觉上的错觉。

（3）丰字形体型

胸部和腹部很突出，显得臃肿，服装款式的选择范围不大，最好选择两件式衣服：外衣的门襟呈直线，平时敞开外衣不系扣子。

（4）H形体型

体型特征是有棱角的，轮廓直上直下，腰部曲线不明显，缺少"三围"的曲线变化，宜选择有型的、轮廓分明的上衣，斜裁的下摆、逐渐向外张开的裙子或高腰、垂腰式裙子和长裤。

（5）T形体型

体型特征是肩宽，在选择服装时要选择肩部"窄化"处理的款式，如领部有很多层次和分隔线的设计，通过佩戴配饰的方式，进行肩部的视觉切分。避免繁琐的设计，如泡泡袖，或细带的背心、T恤等。上衣宜深色，下衣宜浅色。

（6）b形体型

体型特征是小肚子突出，上衣长度宜在肚子的2/3处，门襟造型宜不规则。另外，可以佩戴大型或强调领口的饰品，转移人们的视线。

总之，搭配的秘诀只有一个：扬长避短。

（三）服装质量的要求

服装的质量通常指的是服装的做工与面料，而且服装的做工好坏与服装的面料选择有着直接的关系。服装面料的选择应考虑以下几个方面：

1. 面料的性能特点

服装面料种类繁多，由各种不同的纤维纺织而成，因而其构成的服装面料有各自不同的特点。棉布、灯芯绒、亚麻、真丝、羊毛呢等，都属于天然纤维面料，最大特点是穿着舒适、刺激性小，有较强的保暖性、吸湿性和透气性；人造丝、氨纶、涤纶等属于化纤面料，色彩鲜艳、质地柔软、悬垂挺括，但缺点是耐磨性、耐热性、吸湿性、透气性较差，容易产生静电。

在幼儿园中，教师与幼儿频繁接触，因此在工作时宜选择纯棉、纯麻或丝等天然纤维面料的服装，不但穿着透气，而且便于教育教学活动的开展。秋冬季，选择皮毛面料的服装时，要注意面料的牢固性，以免幼儿吸入脱落的毛纤维而危害幼儿的健康。

2. 面料的材质特点

不同种类的面料，其厚度和柔软度不同。如粗花呢和呢绒，厚度硬挺，有一定的体积感和扩张感，风格稳重成熟；又如丝绸、疏松的针织面料，悬垂性较好且比较轻薄，造型线条光滑流畅而贴体，风格优雅柔美。

体型偏高者应该选择厚度适中、质地挺括的面料，太薄或太厚的衣料都不合适；体型高瘦不丰满的女性，宜采用厚而有弹性、松软又隆起的面料；体型矮胖者，面料宜挺括、垂性好，不宜选择紧身的弹性面料或太厚的面料。

（四）不同场合的着装

得体的着装需要遵循“TPO”的原则，“TPO”是英文Time、Place、Occasion三个单词字母的缩写。T代表时间、季节；P代表地点、场合、职位；O代表目的、对象。“TPO”原则要求着装符合时令；与场所和环境相吻合，要符合着装人的身份和个人特点；同时应根据不同的交往目的、交往对象选择服饰。

幼儿园女教师打扮过于“白领”化、着装华丽夸张，男教师西装革履、衣着隆重，都会在教学活动中分散幼儿的注意力，不便于教学活动的展开。因此，幼儿教师着装，应将工作和生活空间划分明确，工作时应考虑幼教职业的特点，不论选择何种颜色和面料的服装都必须简约得体，既要穿出青春和活力，又要适应幼儿园工作的需要（如图3-7）。工作时一般建议选择休闲装、运动装或幼儿园制服，不穿过分暴露、透明、短小、紧身或过长的衣服，不穿凉鞋、高跟鞋或露趾的拖鞋，选择舒适的平底鞋、软底鞋或旅游鞋。

幼儿园教师着装应卫生、安全。教师选择服装应充分考虑与幼儿接触时是否存在安全隐患，所以服装上不应有过多装饰片或串珠等配饰，不佩戴手链、脚链、胸针和耳环，不佩戴戒指。如在许可下佩戴戒指应注意款式要简洁，戒面应平整，以免与幼儿接触时伤及幼儿。

简而言之，就是要求得体而应景。

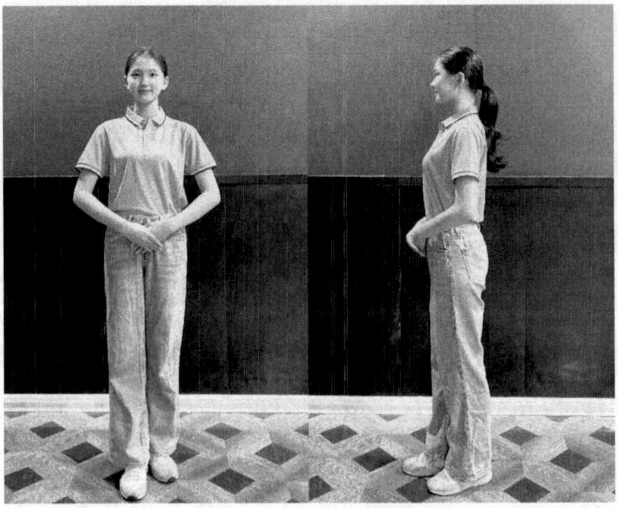

图 3–7　幼儿教师着装图

礼仪心得

____

____

第二节 师言礼仪素养

案例导读

新生开学第一天上课，汪老师走进一间学前专业教室。"同学们，大家好！我是你们的礼仪老师，我姓汪，欢迎大家来到我们学校学习。"这位老师在向新生作自我介绍的时候，一边说一边将自己的全名写在了黑板上。

写完汪老师转过身，向全班同学认真地望了一眼，发现一位学生坐得非常端正且面带微笑看着她，老师又看了一遍记分册，走到这位学生面前问道："如果老师没有猜错的话，你叫张礼仪是吗？"

"啊！老师你怎么知道我的名字？"张礼仪显得很惊讶。

"你的名字和你现在上课的状态很吻合啊，坐姿端正、目光凝聚柔和，面带微笑，这不正是应有的上课礼仪吗？"老师笑着说。

听了汪老师说的话，全班同学马上调整了坐姿，聚精会神地听起课来。短短几分钟，汪老师就让学生产生了亲近感，并在同学们心里建立了良好的形象及威信。

教师通过细心观察及判断，在学生意想不到的情况下叫出学生的名字，是教师接近学生的好方法。

（摘自搜狐网站，有删改）

案例分析

教师语言礼仪需要注意什么呢？本案例中，我们能发现教师的语言礼仪在教育中发挥了怎样的作用?

____

____

语言是交际的工具,一般分为口头语言和书面语言。在这里我们主要关注口头语言。人们通过语言沟通信息,表达思想,结交朋友,联络情感;语言是一种媒介,它真实地反映了一个人的道德情操和文化素养。科学家指出,语言能力并非人天生所具有,而是后天努力练习的结果。口头表达能力的完善,实质是长久时间内集思想、语言、思维、情绪、仪态等各个方面综合磨炼的过程,因而是内在修养的练就过程。在言谈中,言之有理、谈吐不凡的人往往会给你留下美好的印象;如果粗俗不堪,无所忌讳,甚至恶语伤人,这样的人只会让人反感,令人退避三舍。

美国著名作家约翰·高尔斯华绥说过:“一个人的眼睛是现在的他,一个人的嘴巴是将来的他。”这已经充分说明一个人的口头表达关乎他的能力、形象、自信程度。作为人际交往和交流的重要途径,从能否激起谈话双方在认识上的共鸣来说,个人的谈吐水平显得是多么重要。因而,学会如何与人沟通,如何准确恰当地表达自己的真情实感,在社交中的确有着非常重要的意义。

在社交场合不善言谈会给人以木讷呆板的形象,而迂腐客套会损伤对方交往的热情,闷声枯坐或者如坐针毡,则更是社交场合的大忌讳。当然,社交场合中的表达,并非一个人展示自己口才的场所,滔滔不绝、口若悬河、侃侃而谈、口沫四溅,甚至自说自话成为“话唠”,却会适得其反,让人退避三舍,不利于社交。在社交场合,应该学会察言观色,说话张弛有度,营造良好的交谈氛围,使交谈双方感觉愉悦,达到相谈甚欢的良好效果,从而掌握交往的主动权。

一、注意场合,把握分寸

(一)场合

鲁迅先生在《立论》中曾讲过这样一个故事:

一户人家生了一个男孩,全家都很高兴。按照惯例,满月的时候抱出来给客人看,自然想得到大家的赞扬,得到好兆头。

一个人说“这孩子将来要发财”。于是得到大家一致喝彩,主人自然很是高兴。

另一个人说“这个孩子将来要做大官”。于是他收回几句恭维。

最后一个人说这个孩子“将来是要死的”。结果他遭到一顿痛打。

这个故事说明,尽管所有人都知道前两个人说的是子虚乌有的假话,最后一个说的是真话,但说真话的人反而却应该被痛打。因为,那个说真话的人不注意说话的场合,喜庆场合只能说祝福、吉祥的吉利话,而死亡这样的话题是忌讳的。

美国友人安娜·路易斯·斯特朗女士,1965年11月在中国庆祝她的80寿辰,周恩来总理特意在上海展览馆大厅为她举行了盛大的祝寿宴会。周总理的开场白是:

“今天,我们为我们的好朋友、美国女作家安娜·路易斯·斯特朗女士庆贺40公岁诞辰。”

周总理理解女性一般都怕老的心理,巧妙利用“公”字表示紧跟它的量词的两倍,激起了在场几百位祝寿者一阵欢笑,斯特朗女士也高兴地流下了眼泪。她在给周总理祝酒时说:“谢谢您,您让我觉得自己还很年轻。”这样的辞令不仅活跃了气氛,更是让寿星在幽默诙谐中感受到兴奋、喜悦。

毫无疑问,并非所有的真话都可以在任何场合直说,学会交谈意味着要在话题的选择、内容的安排、语言形式等方面,根据不同的场合、人群和氛围灵活地加以选择,努力随机应变。

针对场合的不同,大致可以分为以下几种:

●正式场合:上班、谈判、会议等和工作有关的场合。此类场合下说话应该尽量严肃、认真,言简意赅,少说废话,更不能信口开河,嬉笑打闹,特别是在领导或德高望重的前辈面前,要更加注意。另外,女生说话不能轻浮或过分活泼,男生更应持重沉稳。

●非正式场合:家人、同学、密友、伙伴之间的私人聚会等的交谈场合。这种场合下交谈可以放松随意一些,天南海北、天上地下,甚至酒后的横扯竖侃,都无伤大雅。需要注意的是,如果有第一次见面的人,就必须要稍加留意,因为在不了解别人的情况下,千万不要随意开玩笑,更要避免给第一次见面的人留下不良印象。

●半社交场合:婚宴、应酬饭局、音乐会、看电影等的场合。这种场合下可以选择轻松、活泼的话题,不需要过于严肃、客套,可以聊一些和生活有关的话题,轻松愉快而不失礼节,自然随意。太随便和太拘谨都要避免。

(二)分寸

在注意说话场合的基础上,需要进一步把握说话的分寸。类似于“增一分则肥,减一分则瘦”。热情对人,但不能殷勤过度,尤其是初次见面,更应该遵循“适度”的原则。说话太多,让人招架不住;说话太少,又让人感到冷漠。沉默不语,让人局促紧张;喋喋不休,又会招来反感。什么都不说，让人觉得心机太深；什么都说，又会被认为是“话唠”。中国语言中的“过犹不及”“矫枉过正”“欲速则不达”等，表达的都是要注意分寸的意思。

说话务必有尺度，交往强调讲分寸，适可而止、恰如其分，无论什么场合的交流，应时刻留心观察对方的反应，如果仅仅是自己头头是道，对方没有明显应对或呼应，则应该反思自己是否“过了头”。同理，一旦自己的谈话让对方不胜其烦，昏昏欲睡，就更要反省谈话的内容。总之，与人谈话就和人办事交往一样，都要尊重分寸的玄机。

二、工作中幼儿教师常用礼貌用语

教师的语言应该口齿清晰、富有情感。在教学中，老师要使用标准的普通话，语言规范，发音清楚，不要使用方言或口头禅。说话的速度要适中，抑扬顿挫，并富有感染力，这样会让幼儿感到十分有趣，同时有助于培养幼儿的倾听习惯。

问候语：你好！早上好！下午好！

答谢语：谢谢你！非常感谢！不用客气！这是我应该做的！

道歉语：对不起！实在抱歉！请你原谅！真抱歉，你受委屈了。

询问语：你好，需要我帮忙吗？

我能为你做些什么吗？

请让一让，行吗？

你能和我交朋友吗？

你愿意和小朋友一起玩吗？

慰问语：您辛苦了！祝您早日康复！好好休息，注意身体！

祝贺语：恭喜你！祝您天天快乐！祝你节日快乐！

赞美语：你太棒了！你真能干！

你说得太好了！

你是个爱劳动的好孩子。

你动了脑筋，讲得真好。

你愿意和老师一起收拾干净，对吗？

你的衣服穿得很整洁，我真喜欢你。

你能和朋友商量，画一幅漂亮的图画，真棒。

鼓励语：老师相信你一定能行。

你再试一下，好吗？

别害怕，我来帮助你。

摔倒了，没关系，勇敢地爬起来。

别担心，说错了也不要紧。

暗示语：他很伤心，你愿意去安慰他吗？

我知道你一定会原谅他的。

你能和欣欣一样，热情地招待客人吗？

你一定很想跟他道歉，是吗？

你把鼻涕擦干净后会更漂亮的。

你明天一定会高高兴兴上幼儿园的，对吗？

三、与幼儿语言交流技巧

在工作中，教师询问幼儿问题时尽量不要用封闭式的语言，如："我讲的故事好不好听啊？""想不想听儿歌啊？"这种方式不能有效发展幼儿的想象力和创造力，它的答案都属于固定模式。而好的提问，是站在幼儿的角度出发，引导幼儿说出自己的意愿，教师要倾听幼儿的心声。

例如，老师说："今天的天气不错哦，我们去户外玩，小朋友们想带什么玩具出去玩呢？"幼儿说："皮球""呼啦圈""跳绳"等等。教师以开放性的提问方式询问幼儿，给予幼儿充分自主的权利，让幼儿有表达自己想法的机会。教师应该多使用开放性的语言和幼儿沟通。例如："你为什么喜欢白色呢？""你能告诉我这个玩具是怎么玩的吗？""什么事情你这么开心，能和老师分享一下吗？"

在日常生活中，经常表扬幼儿能增强他们的自信心，恰当地运用表扬，对幼儿的思想、行为给予肯定的评价，能让幼儿认识什么是错与对，建立幼儿的是非观念。一般表扬幼儿通常会说"你真棒！""你太聪明了！""你真听话！"这样的表扬是空洞无趣的，幼儿不清楚老师表扬的具体是什么事情，理解起来很模糊。所以老师表扬的时候一定要具体一点。例如：

"老师喜欢坐坐好的小朋友，小明坐好了，真棒！"

"花花的小手已经放好了，真不错！"

"可可的眼睛一直盯着老师看，你的眼睛真漂亮！"

"小海站得这么挺拔，像解放军一样，棒棒的！"

积极的语言具有指引性，受到表扬的幼儿能增强自信心，能更加注意听老师的话。幼儿喜欢被老师表扬，受到表扬，幼儿快乐开心，同时对其他幼儿也起到一种提醒的作用，因为想要得到老师的表扬，就必须跟随着老师的指引语言去要求自己。

礼仪心得

第三节 师行礼仪素养

案例导读

2001年9月，年仅5岁的冬冬被合肥市精神病医院确诊为儿童精神分裂症，成为合肥市乃至安徽省年龄最小的精神病患者。据冬冬所在幼儿园同学及其家长证实，1998年9月到2001年6月冬冬在该幼儿园就读期间，个别老师曾采取恐吓、体罚等方式对其进行教学管理，使得冬冬的身心遭到极大伤害。同时，在冬冬身体出现异常情况时，幼儿园没能直接向家长反映冬冬的异常情况，使冬冬错过了最佳治疗期。冬冬家人据此将幼儿园告上法庭，要求被告赔偿11万余元的损失并承担案件诉讼费，而幼儿园方面认为自己的教育和管理方式没有任何过错，拒绝赔偿。法院审理认为：幼儿园在教育、管理冬冬的过程中，一些教育方式未能充分尊重未成年人的人格尊严，也不适合幼儿身心发展规律，此过错与冬冬患精神分裂症有一定的关系，应对冬冬的实际损失承担适当的赔偿责任。合肥市包河区法院一审判决冬冬就读的幼儿园赔偿其实际损失12 344.7元的20%，同时给付5 000元的精神抚慰金。

（摘自中国新闻网，有改动）

案例分析

试分析幼儿教师行为对幼儿的影响？

一、幼儿一日活动中的教师行为礼仪

幼儿园一日活动包括:教育活动、生活活动、区域活动、户外活动。教师在活动中的行为是做出榜样让幼儿学习礼仪的行为,因此教师每个环节的眼神、语言、动作都会是孩子们模仿的对象。以下对教师每个环节中的言行举止作出了规范,可供新教师参考(如表3-4)。

表3-4　幼儿园活动环节教师礼仪一览表

环节名称	教师礼仪
入园	提前到教室,做好物品、环境的消毒工作 孩子入园时,微笑地招呼孩子和家长:“早上好,萌萌。萌萌妈妈你好!”
早餐	穿上围裙、戴上口罩,为幼儿分发餐点 蹲下来,用温柔的语言、动作帮助不会吃、吃得慢的幼儿
室内游戏	尊重幼儿,让幼儿自由选择游戏区域进行游戏 老师以玩伴的身份参与幼儿游戏并与之互动 用温柔、善意的语言化解幼儿间的矛盾,提醒幼儿爱护朋友、爱护游戏器材
早操	着运动装、运动鞋 示范动作规范,语言简洁 随时鼓励、表扬幼儿
盥洗	帮助幼儿挽袖子,用温和的语言提醒幼儿用正确步骤洗手,不指责幼儿 幼儿在解便时,保护幼儿的隐私
喝水、吃水果	用语言引导幼儿排队接水喝,注意语言温柔,面带微笑 公平分发水果,并引导幼儿接物时说“谢谢老师”
户外活动	幼儿间发生矛盾时,要用善意的语言和微笑的表情化解幼儿内心的恐惧、紧张 抱抱幼儿、拍拍幼儿的背,安抚幼儿受伤的心灵
餐前活动	用抑扬顿挫的语调给幼儿讲故事,让幼儿逐渐安静下来 提醒幼儿进餐时不讲话,不挑食
午餐	穿上围裙、戴上口罩,为幼儿分发餐点,细心照顾不会吃、吃得慢的幼儿
午睡	帮助幼儿脱衣物,用轻声的语言提醒幼儿安静入睡;对个别入睡困难的幼儿,侧坐在幼儿床边,轻拍幼儿背部,帮助其尽快入睡

续表3-4

环节名称	教师礼仪
起床	老师用轻声的语言,轻拍幼儿背部唤幼儿起床
午点	老师公平地为每个幼儿分发点心
户外活动	幼儿发生事故时,要用善意的语言和微笑的表情化解幼儿内心的恐惧、紧张,安抚幼儿受伤的心灵
盥洗	帮助幼儿挽袖子,用温和的语言提醒幼儿用正确步骤洗手,不指责幼儿
餐前活动	用抑扬顿挫的语调给幼儿讲故事,让幼儿逐渐安静下来
晚餐	穿上围裙、戴上口罩,为幼儿分发餐点,细心照顾不会吃、吃得慢的幼儿
离园	有礼貌地招呼家长,用温和的语言简短地与家长沟通幼儿今天的活动情况

二、幼儿教师保育行为礼仪

《幼儿园工作规程》指出:“幼儿园是对三周岁以上学龄前幼儿实施保育和教育的机构。”幼儿园的任务是:“按照保育与教育相结合的原则,遵循幼儿身心发展特点和规律,实施德、智、体、美等方面全面发展的教育,促进幼儿身心和谐发展。”因此,幼儿礼仪教育与幼儿保育活动同样密不可分,虽然全部的幼儿保育活动并非直接关联礼仪教育,但却通过整体促进幼儿身心发展,促进了幼儿礼仪教育。保育活动在身心健康、安全教育领域相对具备比较丰富的礼仪教育内涵。

(一)勤观察,做好幼儿身心保健

现代学前教育理论迅速发展,在关注幼儿智力发展的同时,对幼儿的身心健康愈加重视,幼儿教师必须把幼儿的身心健康放在首要位置。

1. 树立科学的保育观

长期以来,对于幼儿园教师的工作,总有一种错误的观念根深蒂固,认为幼儿园教师的工作就是管孩子的吃喝拉撒睡,其他工作都具有附带的性质。但随着社会的发展,这种错误的观念得到彻底纠正,从传统的“保护身体发育”发展到“促进幼儿个性发展和社会适应能力的提高”,从“安全保护与卫生”延伸到“实施教育过程中生理、心理和社会保健”。因此,幼儿教师更要彻底转变传统观念,与时俱进,不断提高自身的素质,做到保教并重,不仅为幼儿提供安全、健康、舒适的生活环境，更要帮助幼儿形成健康的生活习惯，养成积极的生活态度和生活方式，促进幼儿身心的和谐发展。

2. 创造良好的心理环境

幼儿心理健康教育的实施，要求幼儿教师首先为幼儿创设一个良好的心理环境。因此，幼儿教师在保育过程中要重视幼儿园环境创设，其中物质环境要美观、大方、卫生和安全。如幼儿园的园舍建设应有足够的空间，满足幼儿正常的活动及起居的需要；应尽量保证幼儿园内及周围的空气清新，光线充足，无噪声污染；园内应有足够的绿化面积，结合科学常识种植一些常见的树木和蔬菜；室内外花草树木的栽种，盆景、雕塑和画像的配置应安全合理。此外，更要加强非物质环境的建设，无论是幼儿园生活环境设施的布置，还是保育行为的操作等，都要照顾幼儿的心理特点，为幼儿创设一个轻松、和谐、平等的心理环境。同时，幼儿教师应时刻意识到自身角色的特殊性，要不断改进自己的个性品质，以身作则，时刻以积极乐观的态度去关心幼儿，创设和谐的心理环境氛围。

3. 开展身心健康的教育活动

幼儿期是幼儿身体发展的关键时期，幼儿身体各部位都是在此阶段得到快速发展和不断完善的。幼儿园一日活动中，贯穿了多种多样的健康活动，均能促进幼儿身心健康发展。如游戏“小青蛙捉害虫”，可使幼儿学会简单的跳跃技能，增强其腿部肌肉的力量及动作的协调性；体育活动会对幼儿身体健康发展带来非常积极的影响，同时它对幼儿的心理健康发展也具有很大作用；幼儿教师指导幼儿正确洗手、穿衣等；督促幼儿保持环境的卫生整洁，培养幼儿良好的生活习惯和卫生习惯；与家长紧密联系，让家长参与健康活动，通过家园共育，促进幼儿的身心健康发展。

（二）勤动手，做好幼儿安全教育

《幼儿园教育指导纲要（试行）》指出：“幼儿园必须把保护幼儿的生命和促进幼儿的健康放在工作的首位”“密切结合幼儿的生活进行安全、营养和保健教育，提高幼儿的自我保护意识和能力”。最近的一项调查显示，76.6%的幼儿有过在游戏中摔伤或碰伤的经历，66.8%的幼儿有过从床上摔下的经历，25.8%的幼儿有过从楼梯上摔落的经历。前些年，我国幼儿园曾连续发生恶性安全事件，幼儿安全事故频频发生，意外伤害已成为威胁幼儿生命安全和健康成长的“第一杀手”。

1. 培养幼儿的安全意识

幼儿生活的环境，即使在幼儿园里，也同成人生活环境一样复杂，意外事故的发生不可避免。幼儿的生活经验和社会阅历比较欠缺，但好奇心和模仿力又非常强，即便在成人的监护下也会遭遇到一些难以预料的危险。因此,幼儿教师有必要教给幼儿一些初步的安全防范知识,培养他们的安全意识,努力将各种隐患发生的可能性降到最低。如在教育教学活动中把安全教育当作常规来抓,随时随地抓住各种机会进行安全教育,培养幼儿安全第一的意识。

2. 培养幼儿自我保护的方法

授之以鱼不如授之以渔。对幼儿进行空洞说教,产生的效果一般微乎其微。只有当安全意识内化为一种习惯时,才能真正地影响幼儿的行为。因此,在平常的一日生活中,幼儿教师要积极引导幼儿养成良好的生活习惯和行为习惯,不断学习和固化自我保护的技能,在保教实践中强化安全意识和行为。如晨检时检查幼儿所带物品的安全性,发现危险物品及时进行教育和处理;户外活动时要观察幼儿的一言一行,引导用正确的方法做户外游戏;如厕时监督幼儿按顺序排便、洗手,确保幼儿的安全等。

3. 进行相关的安全教育

(1) 教育幼儿遵守交通规则,不在马路上停留和玩耍,在人行道上行走,过马路要走斑马线。

(2) 教育幼儿不随便把小石子、花生粒、瓜子、小纸团等放入口腔、鼻、耳,以免发生意外。

(3) 教育幼儿不可从高处随便跳下,不拿力所不及的东西等。

(4) 教育幼儿不要把铅笔、筷子、冰棍、玻璃瓶或尖锐的东西拿在手里或含在嘴里到处跑,因为这样容易扎伤自己。

(5) 教育幼儿不要把塑料袋当作面具往头上套,以免导致窒息死亡。

(6) 教育幼儿在野外旅行散步时,不得随便采摘花果、抓捕昆虫,更不应放入口内,预防中毒等意外事故发生。

(7) 教育幼儿单独在家时,听到敲门声不要开门,可说:“我父母不在家,请你以后再来。”

(8) 教育幼儿记住自己的姓名、家庭住址、家长联系电话。

礼仪心得

第四节 文化知识素养

案例导读

2012年某县幼儿园检查评估工作情况汇报:按规定,幼儿园每班应配备2名教师,1名保育员,教职工与幼儿配备比至少是1∶12;同时,幼儿园的教师应具备幼师毕业及以上学历并取得相应的教师资格,保育员应具有初中以上文化程度并接受过幼儿保育职业培训。从检查情况来看,目前该县所有幼儿园在园(所)幼儿有8 156名,有教职工共535人,其中取得教师资格或参加过相关县级培训的只有196人,合格率为36.5%,教职工与在园幼儿配备比为1∶15,应该说该县民办幼儿园师资队伍数量和质量均未达到要求。

案例分析

教师文化素养包含哪些内容?本案例材料,说明现在我国幼儿园教师整体的文化知识素养水平是怎样的状况?

____

____

学前教育是奠基教育,是为人生奠定全面基础的教育。幼儿对周围世界很陌生,他们渴望认识世界,有提不完的"为什么",渴望老师解答。这就需要教师有渊博的知识才能深入浅出地教给孩子正确的科学知识,才能回答孩子们的种种问题,才能有效地发展幼儿的智力,激发他们对知识的兴趣。幼儿教师对幼儿的教育内容涉及动物、植物、文学、数学、社会、天文、地理、物理、化学、艺术等多个学科领域。幼儿教师只有具备比较广博的科学文化知识和艺术知识,才能满足幼儿学习的需要,才能启迪幼儿的智慧,熏陶幼儿的人格。

一、幼儿教育课程的结构

幼儿教育课程的基本结构大致应由普通文化课程、幼儿教育学科课程、幼儿教育学科专业课程、幼儿教育技能课程和幼儿教育实践课程构成。

(一)掌握普通文化知识

普通文化课程也可以被称为人文学科课程,主要包括政治、经济、文化、科学、社会、伦理等方面知识的课程,其目的是为幼儿师范生(可简称“幼师生”)提供坚实的普通文化基础,使幼师生对社会和文化有全面的理解。

(二)掌握幼儿教育学科的专业知识

幼儿教育学科专业课程包括学前教育学、学前心理学、学前教育史、学前卫生学等方面的内容,幼师生通过对这类课程的学习,能够全面理解学前教育原则、人的身心发展理论。

(三)掌握幼儿教育学科的基本知识

幼儿教育学科课程所涉及的内容是幼儿师范教育专业的学生在未来要教的内容,包括《幼儿园教育指导纲要(试行)》中涉及的各领域的基本知识、基本理论和基本技能。

(四)掌握幼儿教育教学的基本技能和技术

幼儿教育技能课程主要是指幼儿教师在教育教学中所必备的技能和技术,包括幼儿教育教学方法、弹、唱、舞、美(做、写、画)、语言表达能力、幼儿园环境创设、教学设计、教育教学评价和测量、现代教育技术等,其目的是帮助幼师生掌握幼儿教育教学的特殊技能。

(五)掌握幼儿教育实践课程

幼儿教育实践课程主要是教育见习和教育实习等,其目的主要是让幼师生把所学到的知识运用到教育实践中,并通过实践提高教育教学能力。

二、幼儿教师专业知识素养标准

(一)语言和读写方面知识的准备标准

学前教育专业在语言和读写方面知识的准备标准,以能够有效帮助、促进幼儿以下经验的发展为标准。

1. 能够促进幼儿探索自己的环境，为学习阅读和写作打下概念、经验和语言等方面的基础。

2. 帮助幼儿发展就各种场景中的话题、展开有一定长度和深度的交谈的能力，如同成人和同辈一对一交谈，在小组中交谈等。

3. 帮助幼儿发展反映他们周围世界的、不断增长的知识的词汇。

4. 帮助幼儿体验使用语言、阅读和写作，增强幼儿自己的文化认同，分享学校环境的共享特性。

5. 帮助幼儿将阅读和写作同愉悦和享受联系起来，也同其他技能的发展联系起来。

6. 帮助幼儿应用各种策略，让他们从故事和文本中引出意义。

7. 促使幼儿获得为多种目的运用语言、阅读和写作的经验。

8. 让幼儿有使用多种印刷、非印刷资源的经验。

9. 培养幼儿对有关印刷物形成基本的概念，帮助幼儿获得有关声音、字母以及两者相互关系的认识经验。

（二）艺术知识领域的标准

艺术知识领域包括音乐、美术、舞蹈、戏剧和相关创造性活动。儿童在学会说话之前就开始活动、做手势，能够对颜色、声音和韵律作出反应。早期儿童教育专业的学习者，通过艺术知识的准备，为幼儿提供高质量而又富有意义的艺术经验具有重要意义。学前教育专业的学习者在该领域的准备标准，以能够促进幼儿以下经验的发展为宜。

1. 能够增进幼儿同其他人之间的音乐互动经验。

2. 帮助幼儿通过建构的和非正式的游戏，表达和解释他们对世界的理解。

3. 增进幼儿唱歌、游戏和创作音乐的经验。

4. 帮助幼儿通过讲、唱、动和操作简单的乐器对音乐的表现特征（节奏、音调、形式）作出反应。

5. 能够帮助幼儿获得使用音乐表达感情、矛盾和需要的经验。

6. 帮助幼儿获得富有表现地运用各种节拍、韵律、类型、风格和文化的音乐表达他们所感、所听的经验。

7. 帮助幼儿形成理解并应用艺术的媒介、技术和程序的经验。

8. 帮助幼儿获得在视觉艺术和其他学科之间建立联系的经验。

（三）数学的准备标准

1. 公平：对于所有儿童都能提出高期望并提供有力的支持。

2. 课程：不仅是各种活动的汇集，前后一致，着重于重要的数学知识，并且在不同的年级和不同的发展水平之间进行良好的整合。

3. 教学：理解儿童所知和需要学习的内容，挑战并且支持他们学得更好。

4. 学习：儿童必须从经验和先前的知识中学习理解，建构新的数学知识。

5. 评估：应该支持重要的数学学习，并为教师和儿童提供有用的信息。

6. 技术：在数学的教学和学习中，技术是基本要素，也是提高学习成果的工具。

（四）身体锻炼和体育的准备标准

1. 帮助幼儿获得改变和重复身体运动和操作的经验。

2. 帮助幼儿在展示身体技能的熟练程度方面得到进步。

3. 帮助幼儿获得尝试新的运动和技能的经验。

4. 帮助幼儿形成利用反馈改进其活动表现的经验。

5. 促进幼儿体验在参与中经历和表达愉快的经验。

6. 帮助幼儿获得应用规则、程序和安全措施的经验。

7. 能够让幼儿获得提高享受运动的经验。

（五）科学的准备标准

1. 帮助幼儿获得提出有关他们身边物体和事情的问题的经验。

2. 帮助幼儿通过那些对他们有影响和吸引力的身边所发生的事情，形成探索材料、物体和事件的经验。

3. 帮助幼儿获得使用各种感官对物体、组织和事件进行仔细观察的经验。

4. 帮助幼儿根据事件和现象的可观察特征和性质，获得描述、比较、分类、分等和整理的经验。

5. 帮助幼儿获得使用各种简单的工具（例如：放大镜、测量工具和滴管）扩展他们的观察的经验。

6. 帮助幼儿获得开展简单调查的经验，包括预测、收集和解释数据、组织简单的样品、得出结论等。

7. 帮助幼儿获得应用各种形式的陈述来记录其观察、解释和意见的经验。

8. 帮助幼儿形成同其他人合作、分享和讨论意见、倾听新的观点等方面的经验。

（六）社会研究的准备标准

社会研究领域向幼儿教育提出了特殊的挑战。社会研究的一些核心概念在时间和空间上是抽象的、遥远的，因此，为儿童的兴趣认识（理解）提供许多亲身的经验是困难的，但又是必需的。幼儿教师要学会为幼儿提供高质量、有意义的社会研究经验。由于社会研究领域十分广泛，幼儿教师教育在该领域应以达到促进幼儿在地理、历史、经济、社会关系等方面经验的增加为目标。

三、幼儿教师艺术教育素质

文化艺术类教育是孩子的启蒙教育，能够为孩子一生的艺术修养及情感、价值观的形成奠定基础。在艺术教育的过程中，幼儿教师的素质显得非常重要，如果教师的艺术素养较高，那么就能够通过唱歌和跳舞等艺术形式来调动孩子的积极性，并且有利于孩子的身心健康。相反，如果幼儿教师的素质达不到要求，或者本身的能力不够，就会导致教学气氛变得很沉闷，不能够引起孩子对艺术的兴趣，甚至会打击到孩子的积极性，所以幼儿教师需要切实提高自己的艺术教育素质。

（一）艺术教育基本功

幼儿教师的艺术教育基本功包括弹、唱、奏、跳、说、画、写等，只有掌握了这些基本功，才能提升艺术教育的效果。因为教师需要在课堂上教幼儿唱歌、跳舞、画画、写字，所以唱歌时要自然、朴实、优美，跳舞时动作要准确，要能把握住音乐的主要特征与结构，演奏乐器时要熟练、富有感染力等。当然，最重要的是，艺术教育一定要符合幼儿的身心发展规律，适合幼儿的才是最好的。

（二）艺术教育修养

幼儿教师既需要了解美术、音乐、舞蹈、书法、文学等艺术作品中的主题、思想、背景等，又要把握艺术作品的内在结构，还必须对艺术作品有一定的赏析和鉴别能力，对艺术作品的内涵和价值有一定的了解，甚至要具备一定的艺术创造素养。所以，教师必须具备良好的艺术修养以及相应的文化修养，才能更好地为幼儿选择合适的艺术作品，利用艺术作品来教育幼儿、感染幼儿、熏陶和培养幼儿。因此，幼儿教师要随时随地提高自己的艺术修养。

（三）艺术教育能力

单纯具备了弹、唱、奏、跳、说、画、写等能力，以及艺术作品的欣赏、创造力，仍然不是一名合格的幼儿教师。因为，仅仅从艺术教育的角度看，幼儿教师还要具备真挚的情感和艺术感染力，才能在幼儿艺术教育活动中，利用艺术作品吸引幼儿、感染幼儿、教育幼儿，才能够将艺术作品里的教育潜力转化为幼儿发展的动力，真正实现幼儿艺术教育的目标。

（四）艺术教育培训

幼儿教师要参加培训和学习，积极拓展艺术教学渠道，敢于尝试新的教学方法，还要多与其他教师交流、探讨、互相学习，需要不断地汲取新知识，学习新技能，开阔眼界，提高自身的素质，跟上时代的变化。当然，教师个人也可以利用课余时间，结合教学的实际情况来阅读相关的书籍和资料，从而不断地完善自己、充实自己。

（五）艺术教育理念

幼儿教师应当树立正确的幼儿教育理念，明确幼儿艺术教育的目的及意义。幼儿艺术教育不是传递知识和技能，而是培养幼儿的情感和正确的价值观，这会使孩子终身受益，并且为其一生奠定良好的基础。所以最为重要的是，幼儿艺术教育也应该符合幼儿的身心特点，引导他们对艺术表现出一种热情和兴趣，教师应该对此加以培养，让幼儿们勇于展现自己。

普通文化课程和幼儿教育学科专业课程是幼师教育的基础性必备课程，幼儿教育学科课程、幼儿教育技能课程和幼儿教育实践课程是幼师教育的标志性必备课程。幼儿教师的知识结构应当有一定的综合性、渗透性，教师比从事其他职业的人更要不断地充实自己，不断开拓更新自己的知识，有更多方面的爱好和才能。幼儿教师还必须认真学习幼儿卫生学、幼儿心理学、幼儿教育学以及幼儿园各科教材教法，用以指导自己的教育实践，提高工作的自觉性、科学性，减少盲目性；学习先进学前教育理论，了解国内外学前教育改革与发展的经验和做法；优化知识结构，提高文化素养；具有终身学习与持续发展的意识和能力，做终身学习的典范。

礼仪心得

第五节 心理情感素养

案例导读

2012年10月24日，微博里的一张照片引来众多网友关注。照片里，女老师一脸微笑，两只手分别揪着一名男童的左右耳朵，将男童双脚提离地面约10厘米，男童因剧痛张着嘴巴哇哇大哭。该照片一经曝光就引起了网友们的愤怒和指责。

后经警方查明，涉案女教师颜某自2010年在温岭城西街道蓝孔雀幼儿园工作以来，多次对幼儿园学生以胶带封嘴、倒插垃圾桶等方式进行虐待，并拍照取乐。而在颜某的空间里，被网友搜出的有关幼儿园照片多达702张，不少是虐童的照片，其中一张图片说明为"活该"。当有网友评论建议她"删掉这些照片"时，她回复称"没事"。网上流传的用双手拎起幼童双耳照片，是2012年10月上旬，颜某在实施该行为时，要求同事童某帮助拍摄的。浙江省温岭市公安局官方微博25日披露，该市城西街道一幼儿园女教师颜某虐待幼童，已被刑事拘留。此外，另一名参与拍照的女教师童某，因寻衅滋事被处以行政拘留七日处罚。

（摘自 http://opinion.china.com.cn/opinion_36_57436.html，有删改）

案例分析

试分析该案例中女教师有哪些不良心理？会对孩子造成哪些伤害？

教师是人类灵魂的工程师,从事着太阳底下最光辉的职业。幼儿教师以人类文明的传播者的身份,肩负着培育幼儿的神圣使命,在社会的广泛期待中,扮演着丰富多彩的特殊角色。幼儿教师常常在复杂而艰巨的脑力劳动中承受着巨大的身心压力。幼儿园的日常工作是琐碎和平凡的,同时情况又是复杂多变的,有时孩子的行为不正确,有时孩子的生活又需要教师特殊的照顾,在这样艰巨的工作环境下,许多教师不免会出现烦躁情绪,而这种情绪会传递给敏感的孩子,使他们感到焦虑不安。幼儿心理健康发展,要求教师首先拥有健康的心态。过度的工作压力会对幼儿教师的生理、心理和行为三方面都造成不良影响,其中心理影响尤为突出。

一、幼儿教师职业压力的成因

(一)工作本身的因素

幼儿年龄小,心理和行为的自控能力差,自我保护能力也很差,意外事故随时都有可能发生。有关问卷调查的结果显示,在问及"工作中最怕发生的事是什么"时,几乎所有幼儿教师都选择了"事故"。这是幼儿教师、家长都最难忍受的一点。很多即将退休的优秀幼儿园教师纷纷表示,退休了终于可以安心地睡觉了。

(二)幼儿园方面的因素

1. 幼儿园市场化的运行

当前,我国幼儿园市场化的运行不断加快,幼儿园为了吸引生源,扩大影响,经常组织一些公开活动,如运动会、演讲比赛、儿童节演出等。这些活动从表面上看红红火火,幼儿也积极参与,但实际上在很大程度上干扰了幼儿园的班级活动、幼儿的一日常规活动。相关教师一方面要努力维护班级幼儿常规的保教活动,另一方面压力重重、加班加点,极容易陷入职业倦怠。

事实上,很多幼儿园以"提高竞争搞竞赛、提升素质搞培训"为由,盲目开展各类竞赛活动,参加良莠不齐的培训。有的地方,竞赛活动越来越多,培训内容越来越多,教师疲于应付,毫无收获,却加剧了工作压力,甚至严重影响幼儿教师的身心健康、幼儿保教活动的质量。

2. 幼儿园管理方面带来的压力

幼儿园的市场化运营,既带来了高效的管理方式,又是引发幼儿教师职业压力的重要因素之一。幼儿园管理者引进集团化运行模式,通过企业管理方式来追求分园的保教质量和经济效益,形成和落实严格的管理制度,如各种奖惩条例、评优条例、竞争上岗条例、考评条例等,并将它们与工资、奖金、聘任挂钩,使幼儿教师们总体处于紧张状态,逐渐偏离作为教育者本应有的淡泊名利心态,导致部分适应能力不强的老师产生了较大压力。

3. 幼儿园人际关系带来的压力

幼儿园日益紧张的人际关系会影响幼儿教师的心态,从而加重幼儿教师的工作压力。这样的人际关系主要是同事、上级与幼儿教师个人之间的关系,尤其是教师之间的关系。由于工作聘任、职称评定和进修机会等在教师之间会引起竞争,容易引起教师之间人际关系紧张,导致教师群体的士气和凝聚力下降。学前教育阶段对教师之间配合的要求,要高于其他教育阶段,因而教师之间共事合作关系如果处理不当,就会产生很多负面影响,导致工作压力加大。特别是有些幼儿园,其管理者如果不当利用了这些竞争,更会加重幼儿教师的压力。

(三)社会方面的因素

当前,我国学前教育事业正蓬勃发展,社会各界包括政府、相关机构、家长媒体等对学前教育、幼儿园、幼儿教师的关注度日渐提高。同时,教育改革、课程改革的推进,也开始从重视学前教育的数量转为聚焦学前教育的质量。这些社会因素,从不同层面和角度,深入影响着幼儿园新、老教师的工作状况和心态等。作为幼儿学习的支持者、合作者、引导者,近年来幼儿教师来自社会各方面的工作压力逐渐增大。

(四)教师自身因素

心理压力可以来源于客观的、外部的因素,但压力的感受程度、影响方向则主要取决于幼儿教师本人。

1. 幼儿教师的自我期望值。自我期望值越高,与现实的冲突越激烈,产生的压力感就越大。如果要求自己尽善尽美,并渴望得到别人的赞许和肯定,而很多时候忽略了自身条件的限制,一旦受挫就会增加其压力。

2. 幼儿教师的能力素质。职业压力是工作的要求超出了个人成功应付能力时而形成的一种威胁。当文化水平不高、职业能力有限、经验不丰富与职业要求形成落差时自然就不能应对职业压力感。

3. 幼儿教师的个性。一般来说,比较有毅力、意志坚强、性格开朗豁达的幼儿教师对人对事持乐观态度,自信心强、自控能力好、有上进心,面对困难、挫折更能激发斗志,能很好地自我调适工作中的压力。相反,性格孤僻内向、胆小懦弱的幼儿教师面对职业压力时更为被动。

4. 教学工作繁重。在学前教育阶段，幼儿的学习主要是在活动中进行的。因此，教学活动的设计、实施、评价，都要以激发幼儿学习兴趣、培养幼儿良好的学习习惯、形成对学习的良好态度为目标而组织。由此带来的活动的设计工作、玩具教具的制作任务，还有制订教育计划，写教案、观察记录、幼儿成长档案、教育笔记，写论文、总结，写家园联系册等案头工作，以及一般都超额的班级人数等，均在不同程度上成为教师职业压力的源头。

二、幼儿教师调整心态的方法和策略

作为一名有责任心、称职的幼儿园教师，必然会不同程度承受着上述诸多职业压力。所以，幼儿教师需要学会调适心态，增进和维护自身心理健康，以确保幼儿保教工作顺利进行。

（一）幼儿教师要树立正确的角色观，克服角色冲突

幼儿教师的职业角色是由社会地位决定的，符合社会所期望的行为和态度的总模式。社会对幼儿教师期望的多样性、幼儿教育活动的多样性，决定了幼儿教师社会角色的多样性。幼儿教师只有对自身所承担的职责有了充分的认识，并在亲身体验和接受中用它来控制和衡量自己的行为，最终自觉地将社会要求转化为个体需要时，其职业角色才算真正的形成。幼儿教师要树立起正确的角色观，有效克服角色冲突中所带来的心理失调，最主要依赖于幼儿教师在教育实践中不断深化自身的角色意识，并不断在角色认同中提升对幼儿教育职业的坚定信念。

一方面，幼儿园人尽其才的环境、社会上尊师重教的风尚，是影响幼儿教师在教育实践中建立角色意识的客观因素；另一方面，幼儿教师能深刻认识到自身职业的社会价值，亲身体验作为幼儿教师的荣誉与自豪则是主观因素。幼儿教师要注意通过多方面的学习来开阔自己的眼界，培养自身兴趣，更新自己的教育观念，冲破传统，找到符合时代要求的角色。只有这样，幼儿教师在扮演职业角色过程中才有可能做到“随心所欲不逾矩”，才有可能有效避免角色冲突造成的心理内耗，保持教育者应有的公正、谦逊、热情、乐观等良好的心理品质。

（二）幼儿教师要树立正确的儿童观，克服认知偏差

幼儿教育活动的最终目标就是促使幼儿和谐发展，健康成长。幼儿是教育活动的基础和出发点，是一种需要发展且也有发展潜能的人。现代社会中，幼儿的主体地位日趋显著，即强调以幼儿为教育活动的中心，教师、教材、一切教学手段都应为幼儿服务。这就要求幼儿教师在幼儿教育实践中必须始终坚持从幼儿的个性特点出发，尊重幼儿的兴趣爱好，发挥

幼儿的主体作用。

幼儿教师应树立正确的儿童观和教育观，以尊重和热爱儿童为一切教育活动的出发点，公正平等地对待幼儿的一切行为，包括幼儿的缺点和错误。这不仅是对幼儿教师心理健康上的要求，更是对幼儿教师道德修养上的要求。

（三）幼儿教师扮演好职业角色，完善师幼关系

幼儿教育是一种凝聚着幼儿教师心血的、充满创造性的精神活动。真正成功的教育必然熔铸着教师的理想信念、聪明才智和意志情感等精神特质，是教师人格力量的真实写照。作为优秀的幼儿教师，都会通过完成培养幼儿的神圣使命来赢得社会、学校和他人的肯定，以体现自己的人生价值。

幼儿教师要想有效缓解因动机冲突带来的心理挫折，一方面有赖于社会不断从思想观念到制度保障等各个层面完善幼儿教育的评价机制，提高幼儿教师的社会地位；另一方面也依赖于幼儿教师自身的襟怀坦荡，正视动机冲突的存在。幼儿教师还要有自我定向学习角色扮演的能力，通过努力学习来丰富自身的教育理论和专业知识，促使自己向专家学者型教师的方向发展。

此外，幼儿教师应注意行为调节。行为调节，是指当不良情绪发生的时候，可以通过一些行为上的改变来改变自己的情绪。这也是一种获得良好情绪的有效方法。例如：改变面部表情，对自己微笑；改变行走姿势，抬头挺胸，昂首阔步；参加文体活动；进行肌肉放松训练；整理书桌和衣柜；找个朋友尽情地倾诉等等。这些行为能宣泄情绪，或转移注意力，或产生积极暗示。经常运用，能增强自我情绪的调控能力。

三、做一名幸福快乐的幼儿教师

幼儿成长的节拍和教师青春的节拍融合在一起，需要用创造性的工作和宽容的心态来对待每一个幼儿。从某种意义上说，教师的幸福意味着幼儿的幸福，意味着幼儿身心的健康发展，更意味着学前教育的良好发展。作为新时代的幼儿教师，要学会幸福生活、快乐工作。

（一）用欣赏和真诚获得幸福感

在与幼儿的接触中，我们要善于去寻找、发现、创造工作中的乐趣。如用欣赏审美的眼光看待每一位幼儿，真正把幼儿看成是可爱的天使，那么自己就会变成快乐的天使；在教育教学中以平等、真诚的态度与幼儿交往，放下教师的“架子”，以真诚的自我展现自己，和幼

儿打成一片，与幼儿一起体验成长的过程，就会发现幸福和快乐其实就在身边，将获得满满的幸福感。

（二）维护同事间关系和睦

良好集体的形成，离不开每位教师的努力。每位教师都要做到热爱集体、关心集体，用真情和行动去凝聚这个集体。关心集体，从我做起，每位教师都要用实际行动，忠于职守，为集体做贡献，才能达到团结协作的要求。幼儿园工作相比很多其他社会工作，更强调同事间的亲密无间、团结协作、默默奉献，只有这样才能完成共同带班、交叉带班、混班活动等幼儿园教育活动。如果每位教师都能体验到幼儿教师的幸福，不断自我提高，为幼儿幸福智慧与技巧的成长提供有效的帮助和支持，那么，教师在实现自己教育才智的过程中，也就提高了幸福能力，实现了职业幸福。

（三）积极自我心理保健

现代社会，心理健康问题越来越受人们的重视。幼儿教师是塑造幼儿心灵的工程师，所以，幼儿教师劳动的特点决定了幼儿教师更需要具备良好的心理素质，其心理健康状况直接影响幼儿的身心发展。因此，研究幼儿教师职业幸福感与心理健康问题，并据此采取相应的对策，已引起社会和教育界的高度重视。普遍认为，幼儿教师首先要培养自己乐观、豁达的人生态度。乐观豁达的人常会看到生活中光明的一面，对前途和未来充满信心和希望，即使遇到困难和挫折，也不会丧失信心和勇气，能够始终保持愉快而美好的心境，克服困难，不断前进。

（四）真诚沟通幸福自己

幼儿园和家长有着一个共同的目的，就是孩子的健康幸福成长。做好家园联系，教师与家长真诚沟通，不但能更好地促进家园同步教育，而且能更好地服务于教育教学，也让教师感受耕耘收获的喜悦，提高工作的幸福指数。微笑、真诚、热情是每个教师做好家园联系的最好方法，可以赢得家长的信任、尊重和肯定。当微笑有了回应，当真诚有了感动，当热情有了肯定，自然也就实现了价值，获得了幸福。

礼仪心得

第六节 与幼儿交往礼仪

案例导读

开学第二天了，小班的明明来到幼儿园，她不愿意进入教室，抱紧妈妈，两只手紧紧地抓着妈妈的衣服。老师出来了："明明来啦！"老师微笑着看着明明，"明明今天这么早来幼儿园啊！让老师看看明明的小眼睛是不是亮亮的？"老师凑到明明的眼睛面前，明明也抬头想让老师看。"哇，明明的眼睛里有老师啊！"老师惊奇地张大眼睛，笑呵呵地说："明明是个乖娃娃，赶紧让老师抱抱！"明明张开双臂，投进老师的怀抱。

案例分析

与幼儿交往时，教师应该用何种方式与幼儿交流？

____

____

一、关键的"第一印象"

幼儿教师的"第一印象"是教师在幼儿教育教学活动中首次留给幼儿的印象。在社会心理学中，第一印象是在总体印象形成上，比后来获得信息影响更大的现象，称为首因效应，也叫最初效应。良好的第一印象不仅影响着幼儿教师威信的建立，还进一步影响着教师和幼儿的后续交往。成功的第一印象，可在多方面进行主动塑造。

1. 温馨的活动环境

幼儿教师一般都善于幼儿园环境布置，力求给幼儿创造整洁、舒适、温馨的教育环境。通常，幼儿喜欢色彩鲜艳、线条明快的图案。所以，教师在幼儿入园前，可将活动室按照材料、色彩及图案的选择和搭配布置好，让幼儿第一次（每天、每周、每学期）进园，就喜欢活动室，在视觉上给幼儿留下美好的第一印象。幼儿教师还可以通过精心布置教室环境，让幼儿感觉到家庭的温馨，比如“娃娃家”里可以设置厨房、客厅、卧室、书房等。

2. 较强的亲和力

教师的亲和力，可以赢得幼儿的尊敬和信任，也可以获得幼儿的宽容和理解。古人云：亲其师，则信其道。首先，教师要保持对幼儿微笑，因为人类的笑脸散发着温暖、自信、幸福、宽容、慷慨、吉祥等等。心理学家分析，当人们看到一张笑脸时，大脑神经就受到指令，指挥面部肌肉展示微笑，因而，会以微笑来回馈对方。其次，幼儿教师要以博爱的精神来对待每一个幼儿，对待他们要像对待自己的儿女一样，情系幼儿，像母亲一般热忱地爱每个幼儿，给幼儿留下深刻的第一印象。轻柔的话语、和蔼的笑容能平复幼儿的焦虑情绪，消除孩子的紧张感，让幼儿更快地接受老师，产生新的依恋，能让幼儿更快融入集体生活。所以，教师努力提高自己的亲和力，使自己真正成为幼儿信赖、敬佩、爱戴的良师益友。

3. 得体的仪容仪表

研究表明，在与人会见的最初30秒内，就能建立关于对方的最初印象，其中55%来自仪表（服装、妆容、发型），38%来自举止（利益、姿态、眼神、表情）。所以，仪表即一个人的外表，包括仪容、表情、穿着等，是给他人外在的、感官上的最重要的第一印象。幼儿教师的仪表应该举止端庄、态度诚恳、言谈文明、落落大方。具体来说，幼儿教师要做到穿着得体，不穿奇装异服；打扮适宜，不矫揉造作；外观整洁，不蓬头垢面；言语文雅，不粗野庸俗；行为端庄，不轻浮放纵；举止风度，不徒有其表；表情丰富，不横眉冷对；教态自然，不故弄玄虚。毫无疑问，一身整齐、合体、漂亮的服装，一种大方、美丽的发型，以及其他一些必要的修饰，不仅能使自己产生愉悦感，成为同事、幼儿的审美对象，同时还为美化校园、优化育人环境做了一分贡献。

二、尊重幼儿，平等相待

尊重是对幼儿的信任，是对幼儿的鼓励。尊重幼儿和平等地对待幼儿，是幼儿教师促进师幼关系发展的重要前提。《幼儿园教育指导纲要（试行）》也指出：幼儿园教育应尊重幼儿的人格和权利，尊重幼儿身心发展的规律和学习特点，以游戏为基本活动，保教并重，关注个别差异，促进每个幼儿富有个性的发展。

1. 尊重幼儿的人格

所谓人格是人作为权利、义务主体的资格。幼儿是一个独立的、发展的人，有着独立的人格。幼儿教师应尊重幼儿的人格和尊严，不能羞辱、体罚或变相体罚他们。尊重幼儿，就要努力做到不武断地批评或否定他们的想法和做法，不能讽刺和挖苦幼儿，而是要先了解幼儿的想法，再给予必要的指导和帮助；尊重幼儿，就要尊重他们的权利，包括话语权、被保护权、一定范围内过失不受责备权等；坚决杜绝精神上的虐待，有些幼儿园老师从表面看虽然没有直接体罚幼儿，但在言语上伤害幼儿，让他们在家长和同学面前难堪，丧失做人的尊严。比如：当幼儿犯错误的时候，当着全班幼儿的面，大声斥骂，甚至动手拍打，经常用冷淡、鄙视的表情看幼儿等等。

2. 尊重幼儿的个性差异

《幼儿园教育指导纲要（试行）》指出：幼儿园教育应“关注个别差异，促进每个幼儿富有个性的发展”“尊重幼儿在发展水平、能力、经验、学习方式等方面的个体差异，因人施教，努力使每一个幼儿都能获得满足和成功”“要为每一个儿童，包括有特殊需要的儿童提供积极的支持和帮助”。就像世界上没有完全相同的两片树叶一样，世界上也没有完全相同的两个人。由于受遗传、环境、后天教育等因素的影响，幼儿在能力、经验、发展水平等方面存在个体差异。比如，性格上有的活泼开朗，有的内向文静，有的善于表达，有的沉默寡言……因此，幼儿教师要尊重孩子的个体差异，有目的、有计划地对幼儿进行全面的观察，在教育过程中做个有心人，设身处地为幼儿着想，帮助每一个幼儿健康成长。

3. 尊重幼儿的选择

幼儿园一日活动中，有时教师征询幼儿活动意见时，由于幼儿七嘴八舌，意见不统一，教师直接主导了活动安排。类似这种情景，在幼儿园经常出现，教师表面上给予了幼儿自由，但实际上很多幼儿不得不遵循教师的意愿去干自己不愿干的事。幼儿教师是幼儿的支持者、合作者和引导者，应该尊重幼儿，把自由和独立还给幼儿，让幼儿自主选择、自主探索。尊重幼儿的选择，用赞许的目光和热情的话语鼓励他们，如“这样行吗？”“你喜欢吗？”“我相信你！”“去试试吧！”增强幼儿的自信心，促进幼儿在生活中发展，在发展中提高，在提高中成长。

三、以身示范，培养礼仪

老师不仅是知识的传授者，而且是学生的模范。教育学生不能只依靠灌输、说教，还应当靠教师身教。潜移默化传播文明、塑造人格，是教师的神圣职责。苏联教育家马卡连柯曾对老师说："不要以为只有你们在同儿童谈话、教训他、命令他时才是教育，他们生活的每时每刻，甚至连你们不在场的时候，也是在教育儿童……"幼儿时期的思维具有直觉行动性和具体形象性，模仿性和可塑造性很强，是培养良好道德品质的关键时期，幼儿教师应该言传身教、为人师表，培养幼儿良好的道德素养，加强幼儿文明礼仪的教育培养。

1. 多种途径教育幼儿知礼仪

幼儿一般都处在以自我为中心的阶段，不懂得尊重长辈，缺乏良好的行为习惯。很多时候，由于幼儿的年龄和知识经验欠缺，尚不能准确判断对错。所以，幼儿教师首先应通过多种途径让幼儿知道什么是礼仪。如可以讲礼仪故事《孔融让梨》《李小多分果果》《玩具大家玩》等；收集"宝宝学礼仪"的儿歌，通过活动让幼儿判断好坏、是非、美丑等道德行为规则，不断提高道德礼仪认知水平。幼儿教师也可以把礼仪内容细化到各个环节中，比如，入园时老师带领幼儿主动与同班同学问好，和家长说再见，饭前主动洗手等等，让幼儿知道生活中要注意的各种礼仪。

2. 树立榜样教幼儿学礼仪

榜样对幼儿起着潜移默化的作用，所以俗话说：言传不如身教。幼儿教师是幼儿的主要教育者和交往者，幼儿善于模仿、愿意模仿他们心目中有威信的人的一言一行。由于幼儿教师是学生最喜欢模仿的人，幼儿教师的日常行为、言行举止和价值选择，时时刻刻都对幼儿的发展产生潜移默化的影响。幼儿教师的榜样作用应该是具体的、生动的、崇高的。有人说，教师的形象好比一面镜子，能折射给幼儿许多闪亮的东西。在日常生活中，幼儿教师要善于抓住一切有利时机，为幼儿做好行为示范。例如，在幼儿园中不随便喊同事的名字，遇到同事和小朋友家长要礼貌问好等。同样，幼儿教师一些不良的习惯也会影响到孩子，比如：幼儿会模仿老师讽刺犯错误的同伴，会模仿老师跷二郎腿……一个教师应该时刻注意自己的言行举止，加强"身教"意识，不以自己的言行败坏自己的形象。

3. 以身作则教幼儿讲礼仪

幼儿教师在礼仪方面应该做到以身作则，言行一致，表里如一。孔子云："其身正，不令而行；其身不正，虽令不从。"就是说明身教重于言传。作为幼儿教师，要求幼儿做到的，自己必须首先做到；要求幼儿不做的，自己必须坚决不做。不能当语言的巨人、行动的矮子，一边要求幼儿诚实守信,一边自己又不兑守承诺。如老师带领幼儿布置室内环境时,看到孩子们很积极,老师随口说:"下一节我们搞'评小红花'活动,看哪些小朋友最能干!"可是,老师说说而已,下一节课却在室外组织起了游戏活动。这使很多幼儿误认为老师在骗人。在日常生活中,有的教师要求幼儿要遵守很多规则,但自己却带头违反。例如,午饭期间,老师对小朋友们说,吃饭的时候不能讲话。可自己却和几个同事聚在一起,边吃饭边讲话。这时,有小朋友开始讲话了,老师生气地说:"刚才老师才强调,吃饭的时候不能讲话,你们怎么不听话呢?"小朋友立马安静下来,老师说完,又和同事开始聊天了。

四、师幼互动,和谐交谈

师幼互动是指教师与幼儿基于生活活动、游戏活动、教学活动中的活动内容、操作材料、人际交往而引起的认知、情感以及行为上的相互作用。《幼儿园教育指导纲要(试行)》指出:"关注幼儿在活动中的表现与反应,敏感地观察他们的需要,及时以适当的方式应答,形成合作探究式的师幼互动。"所以,建构积极、有效的师幼互动是幼儿教师当前的重要任务。

1. 创设宽松、愉快的环境,营造良好的互动氛围

《幼儿园教育指导纲要(试行)》指出,"创造一个自由、宽松的语言交往环境,支持、鼓励、吸引幼儿与教师、同伴交谈……""建立良好的师生、同伴关系,让幼儿体验到幼儿园生活的愉快,形成安全感、信赖感"。这说明形成安全、愉快、宽松的外部氛围是很重要的,这也是建构积极、有效的师幼互动所需要的基本前提。幼儿教师在为幼儿创设愉快、宽松的整体氛围基础上,还要和幼儿共同创设一个丰富、互动的物质环境,并引导、鼓励他们与环境互动,促使他们在与环境的相互作用中不断发展。

2. 树立科学的儿童观,建立平等和谐的师幼互动

幼儿是学习的主体,幼儿的能动的主体作用是教育取得成功的决定性因素,因此,要让孩子从内心里喜欢老师,愿意同老师说心里话。幼儿教师需要摆正教育工作的态度,认识和树立科学的儿童观,把建立平等、和谐的师幼关系作为开展工作的基点,要启动有效的师幼互动行为。在活动过程中,教师要不断地观察自己的行为与幼儿的反应之间的动态关系,借助幼儿不断地调整自己的行为,进一步验证自己的行为,构建教师与孩子之间的信任、互动关系。教师要把幼儿当作具有独立人格的人,尊重他们的人格,这样才能建立和谐、平等、相互信赖的师幼关系,进而帮助幼儿建立安全感、归属感,促进他们与教师、与同伴正常交往,从而启动更多、更有效和谐的师幼互动,更有效地实现保教目标。

3. 注重幼儿情感，建构积极有效的师幼互动

常言道:“亲其师而信其道。”越来越多的研究表明，师生间的情感交流以及由此产生的心理氛围是促进师生积极互动的必要条件。现实中，师幼互动中消极情感交流占有相当的比例。由于幼儿的年龄阶段特点，他们行为的自制力较差，容易受到情绪情感的影响，幼儿教师更应该主动重视与幼儿之间的积极、充分的情感交流。首先，幼儿教师要理解和尊重幼儿。例如，在生活中，经常会听到幼儿告状:“老师，××打人了。”“老师，××没有洗手。”这些在成人眼里看起来有点烦躁的告状，事实上是幼儿在找机会与老师接触。在师幼互动中，教师应该站在幼儿的角度，充分理解幼儿，劝导幼儿。其次，幼儿教师要鼓励和帮助幼儿，鼓励的内容极为广泛，对幼儿行为的肯定与赞赏就是鼓励。同时对幼儿在活动中遇到的挫折和造成的过失能够表示理解、支持和帮助。例如:对幼儿的每一次微小的进步，老师应对幼儿说:“你真棒”“真是个乖孩子”等等；当幼儿遇到挫折时，老师要对幼儿说:“相信自己!”“加油哦!”等等。

礼仪心得

____

____

第七节 与同事交往礼仪

案例导读

陈青青是幼儿园办公室文员，从第一天上班起，她就认为自己的工作是打打字、接接电话、复印文件、做做报表而已，其他的就不是她分内事了。一天，一中年男子急匆匆地走进来，问："请问园长在不在？"陈青青正在打一份文件，很不高兴被这人打断了工作，冷冷地抬了抬眼皮，看到那人站在那里，有点土气，于是不耐烦地说："你找哪个园长？这有很多正副园长。"中年男子说："负责业务的。"陈青青用手一指："那边，大厅。"几分钟后，客人气急败坏地回来："这是什么态度！"估计是在大厅里再次遭到冷遇。这下，陈青青可不高兴了，心想：我招你惹你了吗？你冲我发脾气。于是漠然地白他一眼，说："关我什么事！"对方没想到青青不但没有安抚他，反而冷嘲热讽地抢白，一时气愤地摔门而去。

谁知，其貌不扬的他竟是一家文化公司的老总，前来投资。无论陈青青和园长怎么向他赔罪，他都坚决终止与幼儿园的投资合作。理由是：幼儿园的管理太差，员工没有起码的服务意识。几十万元的文化投资就这样泡汤了。陈青青也受到园里的严厉批评。

案例分析

幼儿教师在社会交往中，应遵循怎样的交往礼仪？这个案例中陈青青在与他人交往中，出现了什么问题？

在学校里，教师之间朝夕相处、情同家人。在社会上，教师之间常来常往、互相促进。因此，处理好教师彼此之间的关系，也有助于展现教师个人的良好教养，也有助于教师做好本职工作。和同事交往可划分为上下级关系，和平行型人际关系即平时所讲的同事关系。

一、与同事的交往

（一）真诚合作

同事者，一起共事于某单位之谓也。既然大家有幸共同“效忠”于同一所幼儿园，在工作中就应真诚合作，要为同事的工作尽可能地提供方便。不要心怀嫉妒，在工作中有意刁难对方。

（二）同甘共苦

“一个好汉三个帮”，相互支持、荣辱与共，本是同事关系中应有之义。在工作中，切勿享受在前、吃苦在后，不要担子拣轻的挑，更不能在关键时刻充当逃兵。把单位当作你的家，同事当作你的家人，善意地关心身边每一个人，特别是当同事生病不舒服时，主动帮助同事换班，多做一点，勤快一点，让她们感受到温暖。

（三）公平竞争

在工作中，总有先进与落后之分、成功与失败之别。任何人都希望自己能在工作中有所发展，但是一定要做得光明正大，要实行公平竞争。如果搞不正当竞争则是非常错误的。

（四）宽以待人

“人非圣贤，孰能无过。”正所谓“有容乃大”，对待同事一定要宽和、宽厚、宽容一些。朋友关系可以选择，同事关系则往往不可选择。为大局着想，教师们在工作中切勿对同事过分刻薄、吹毛求疵。正确的态度应当是:懂得欣赏别人，善于求同存异。

另外，说出去的话带刺，往往会伤害到同事，说出去的话无法收回，伤害很难弥补，所以当你情绪不好时，自己找一个空间先冷静一下，缓和自己的情绪。有效的沟通，才能建立互通的人际关系。团结同事不仅是一种工作上的要求，而且还是做好本职工作的基本保证。孔子说:“君子求诸己，小人求诸人。”我们的“敌人”，通常都是自己寻找和制造出来的。

二、与领导的交往

（一）尊重领导，谦逊有礼

不管你和领导的个人关系如何，对各级领导都要一视同仁，工作中，与领导沟通要谦逊有礼。工作中应积极主动，用认真踏实的工作态度赢得领导的认可。面对面时，以60厘米左右距离站立谈话，太近不够尊重，太远会听不清或很大声讲话。如果采用坐姿，请以侧坐的方式，坐椅子的2/3，上身挺直。沟通时，要不卑不亢，平等相处。说话时，面带笑容，先听后讲，不要抢话。

（二）有效的沟通

有效的沟通，就是要有明确的沟通目标，不仅自己要知道沟通什么，还要让对方明白你要沟通什么，并掌握沟通的几种简单方法，达到你的目的。和领导沟通时，要尊重领导提出的意见或建议，遇到有分歧的问题，不要激动，先把自己的想法说出来，避免过于直接或强硬的语气。表达自己想法时，思路要理清，抓住重点。

比如，领导提出的建议与你的想法不同时，不要急着回答领导说："这样做不行，我们的幼儿做不到。"或者是："我不是这样想的，你的方法不行。"可以试试这样说："谢谢你的建议，我先试试。"在你尝试了以后，根据班级幼儿需求和具体的矛盾点做一个分析，再跟领导谈谈你的想法和解决问题的办法。

遇到下面的情况，你会怎么处理呢？

1. 同事遇到困难，家中有急事，需要和你换班，你会怎么进行交谈？
2. 同事生病你如何安慰？
3. 同事获奖、晋升职称你去贺喜，该说什么？
4. 假如你是班主任，要给领导汇报班级近期的情况，你该怎么汇报？
5. 领导给你分配一个有难度的任务，你感到棘手，你怎么跟领导交谈？
6. 班级幼儿受伤，需要送到医院诊治，你怎么跟领导交谈？

礼仪心得

第八节 与家长交往礼仪

案例导读

一天，几位陪着孩子来的家长坐在门口休息区等候孩子上课，其中一位拿出一包瓜子，几个人开始嗑瓜子聊天。他们一边谈笑，一边把瓜子壳随意扔在地上。这种行为让其他等候的家长侧目，但他们却视若无睹。这时你会怎么办？

案例分析

____

____

家长有不同的文化背景、职业、年龄。与家长交往时，要体现出专业素养、文明礼貌。让家长放心把孩子交给幼儿园，让家长接受幼儿园的教育理念是最基本的要求。

一、与老年家长的交往礼仪

（一）换位思考

现在照顾幼儿的主要都是老年人。老人带孩子基本都是溺爱型，满足一切幼儿提出的要求，在幼儿园里，不能让自己孩子受到一点伤害、委屈。如何做到让老年人放心呢？教师要注意尊重老年人，遇到问题换位思考。同时，交往中要遵循以下几点：

面带微笑，用柔和的声音主动招呼："婆婆好。""爷爷好。"在招呼的同时，轻点头以示尊重。

家长有疑问时，耐心解答，在不违背幼儿园规定的前提下，尽量满足家长的要求。

站在长辈的角度，去进行沟通，可以说："婆婆真辛苦，对孩子可以付出全部的爱，请放心，我们会像妈妈一样爱您的孩子。"

意见不统一时，采取绕道策略，先和家长的父母沟通，然后请父母和爷爷奶奶沟通。

（二）平等对待每一位家长

不因家庭的贫富、地位的差异而有所区别地对待家长和孩子。对于老年家长和残疾家长更应该加倍耐心、细心地帮助他们了解孩子的在园情况。比如，对于视力不好的家长，教师可把通知的内容抄个小纸条给家长带回家看。

二、与年轻家长的交往礼仪

年轻家长的教育理念更新比较快，有时候会提出他们自己的教育观，在教育孩子时会因文化背景和家庭环境不同而有所差异。教师在沟通中，表现出来的亲和力、文化素养、大方仪态都是家长能否放心的关键要素。家长大致可以分为专制型、放任型、民主型。在交往中，需要遵循以下几点要求：

（一）尊重家长，大方举止

家长和教师的关系是完全平等的，不应该有尊卑之分，教师必须要尊重家长的人格，遇到孩子的问题，要客观地分析问题原因所在，公平地对待每一个孩子，和家长共同商量解决问题的方法。比如，在幼儿园里看见家长，要面带微笑，主动迎接，并用甜美的声音跟家长打招呼："萱萱妈妈，早上好！""浩浩爸爸，你们来啦。"离园时，不因家长来接孩子晚了，而面露不悦、态度冷漠、指责家长。要宽容、理解家长的难处。

（二）面带微笑，运用专业知识和家长沟通

沟通中，面带微笑能体现出教师的自信心、亲和力，容易使人接纳。有时候用方言与家长聊天能更快拉近你们之间的距离。用专业知识给家长提供先进的教育理念，从而达到家园共育。让家长了解、接受、运用适合于孩子的教育才是最有效的幼儿教育，因此在与家长交谈前，要对幼儿的优点、缺点加以分析，公正客观地与家长沟通，并建议家长对孩子加强哪些方面的教育。

（三）以孩子的发展为核心进行交流

如果与家长意见不一致，或是家长的情绪不好，语言语气过重，教师要始终保持礼貌的用语，不宜顶撞家长。可以幼儿的发展为核心对家长说："无论怎样，我们都会对孩子负责，请您冷静一点。""这个问题我们有不同的见解，但都是为了孩子，我们试试过一段时间再来解决。""今天就谈到这里，我们都再想一下有没有更适宜幼儿发展的方法，下次再交流好吗？"切不可与家长斗气，更不可将气撒在孩子身上，对孩子进行报复。

案例分析

家长：老师，我家孩子天天都想穿裙子，今天天气冷，穿裙子要生病，不穿她就哭，不上幼儿园，你看怎么办？

教师：爱美之心人皆有之，开始有自主意识是这个年龄段孩子的特点，这是可以理解的。她们只有对美的追求，对于是否适宜没有概念的。不要呵斥她，可以和孩子一起看天气预报，然后和孩子一起讨论不同的温度适合穿什么衣服。比如3度，很冷，我们应该穿什么呢？27度，比较热，我们应该穿什么呢？教给孩子自己看天气预报并寻找适合衣服的方法，既锻炼孩子的逻辑思维能力，又培养了孩子的自理能力。

点评：

案例中教师运用专业的知识分析了幼儿的心理状态，从而让家长明白，孩子不是无理取闹，只是缺乏生活经验，随心所欲地想穿什么就要穿什么。经过老师的专业指导，家长明白了如何处理相关的问题。

三、家长会中的礼仪

幼儿园教育与家庭教育紧密相连，家长会一是让家长了解孩子在幼儿园的生活、学习情况；二是了解教师的工作内容，从而让家长理解支持教师工作；三是传授正确的教育观，让家长更科学地教育子女。家长会中教师需要遵循以下几点要求：

（一）服饰得体、言谈亲切、举止文雅

开家长会时，穿着合身的服饰、优雅的举止，容易赢得家长的信任，让家长放心把孩子交给你。一个染着彩色头发、穿着暴露又举止粗鲁的老师，会让家长产生反感、厌恶的情绪。

（二）关注细节

家长会前，用邀请函的形式提前告知家长会议时间、地点、流程，并提供地点指示牌。先到的家长安排观看班级幼儿照片、视频，同时提供茶水、开水，便于家长饮用。从细节中让家长感受到你是在精心准备本次会议。对于有事不能出席家长会的家长，教师要另行约见，让每位家长都清楚家长会的会议内容。家长会中，要做好充分的准备，明确开家长会要达到什么样的目的，了解家长想要听什么。

（三）平等关系

在交流幼儿情况时，以正面案例为主，切忌点名批评某位幼儿。注意先表扬孩子的优点，再说孩子的问题，并用商量的口气一起解决问题，以幼儿的发展需要去让家长明白老师这样做的用意。切忌用命令的口气指挥家长。比如，先举出详细案例说：您的孩子在本期生活自理能力有很大的提高，学会了自己叠被，每天都很快地脱下衣裤，躺在床上，如果入睡前能不和朋友讲话就更好了。这样的建议方式家长更容易接受。如果直接开门见山：你的孩子每天中午睡觉都找朋友讲话，影响所有人入睡，要好好管管了。这会让家长觉得没有面子，很有压力，跟这个老师不好沟通。

礼仪心得

第九节 社会交往礼仪

案例导读

英国的温莎公爵一向以典雅的风度和过人的机智赢得世人的尊重。有一次，英国王室举行盛大的宴会，招待印度的一些部族首领。宴会结束时，侍者为每位客人端来了一小盆洗手水，然而初到英国的印度首领们不懂英国的礼仪，看到精美的盆子盛着清水，便接过来一饮而尽。这一举动把在场的英国人吓得目瞪口呆。为了维护客人的尊严，温莎公爵从容地端起洗手水，也一饮而尽。在他的启迪下其他英国人也若无其事地把洗手水一一喝下。印度的首领没有觉察到这一微小的变化，一场外交的尴尬在温莎公爵的巧妙应对中烟消云散了。温莎公爵以客为尊的风度实为社交中的典范。

"知识使人变得文雅，而交际使人变得完善"。社会交往(Social Intercourse)，简称"社交"，是指在一定的历史条件下，人与人之间相互往来，进行物质、精神交流的社会活动。社交礼仪，是人际交往中最基本的行为规范。陈鹤琴先生曾说，各种高尚道德，几乎都可以在交往中学到，礼仪的养成，没有再比交往这个方式来得快、来得切实。可见，如果每个人都能讲究社交礼仪，做到尊重、理解他人，言谈举止温文尔雅，待人接物得体适度，就会在日常交往中产生较强的亲和力，为自己塑造良好的形象，进而推动事业走向成功。

案例分析

为什么社会交往中要讲究礼仪？

____

____

一、介绍礼仪

介绍是打开人们社会交往大门的一把“金钥匙”。合理的介绍，既可以迅速拉近人们的距离，又能促进人们之间深入沟通与了解，更能显示一个人的礼仪修养。根据被介绍对象的不同，可以分为自我介绍、他人介绍和集体介绍。

(一) 自我介绍

自我介绍是在必要的社会交往场合，把自己介绍给其他人，以使对方认识自己。

1. 自我介绍的形式

(1) 应酬式：适用于某些公共场合和一般性的社会交往场合，这种形式最为简洁，往往只包括姓名一项即可。如：“你好，我叫李明。”“你好，我是刘东。”

(2) 工作式：适用于工作场合，包括本人姓名、供职单位及其部门、职务或从事的具体工作等。如：“你好，我叫林然，是东方幼儿园的园长。”“我叫杨兵，在实验学校读书。”

(3) 交流式：适用于社会交往活动，希望与交往对象进一步的交流与沟通，包括介绍者的姓名、籍贯、工作、学历、兴趣及与交往对象的某些熟人的关系。如：“你好，我叫刘洋，在东方幼儿园工作。我是魏明的同学，都是湖南人。”

(4) 问答式：适用于应试、应聘和公务交往场合。它应该是有问必答，即问什么就答什么。如问：“先生，您好！请问您贵姓?”答：“您好，免贵姓张。”

(5) 礼仪式：适用于讲座、报告、演出、庆典、仪式等一些正规而隆重的场合，包括姓名、单位、职务等，同时还应加入一些适当的谦辞、敬辞。如：“各位来宾，大家好！我叫吴洪，是实验学校的老师。我代表学校欢迎大家光临我校，希望大家……”

2. 自我介绍的注意事项

(1) 选择好时机。选择在对方有空闲、情绪较好、有兴趣时进行自我介绍。自我介绍如能主动，会对自身的社会交往以及事业的进步起到推动作用。如教师家访时，叩开房门后要做的首要事情，就是主动进行自我介绍。这样做，可以给家长留下热情、主动的印象。在宴会、舞会等社会交往场合，如果想结识朋友，可以面带微笑示意对方，主动走过去，向对方作简单的自我介绍……

(2) 讲究态度。态度要自然、友善、亲切、随和，彬彬有礼、落落大方，语气自然，语速正常，语音清晰，才能显得诚恳而自信，一定不要唯唯诺诺，或虚张声势。

(3) 把握时间。时间不宜超过一分钟，要简洁，言简意赅。为了节省时间，作自我介绍时，还可利用名片、介绍信加以辅助。

(4) 讲究方法。先向对方点头致意,得到回应后再向他进行自我介绍。如果有介绍人在场,自我介绍则被视为不礼貌的行为。应善于用眼神表达自己的友善、关心以及沟通的愿望。如果你想认识某人,最好预先获得一些有关他的资料或情况,诸如性格、特长及兴趣爱好。这样在自我介绍后,便很容易使交谈气氛融洽。

(5) 注意内容。内容包括三项基本要素:本人的姓名、供职的单位以及具体部门、担任的职务和所从事的具体工作。这三项要素,在自我介绍时,应一气连续报出,这样既有助于给人以完整的印象,又可以节省时间,不说废话。要真实诚恳,实事求是,不可自吹自擂,夸大其词。

(二) 他人介绍

他人介绍,又称第三者介绍,是经第三者为彼此不相识的双方引见介绍的一种介绍方式。

他人介绍,通常都是双向的,即对被介绍双方均作介绍。有时,也可进行单向的他人介绍,即只将被介绍者中的某一方介绍给另一方,其前提是前者了解后者,而后者不了解前者。

1. 介绍者

一般场合,介绍人应由双方都熟悉的人担任,如秘书、陪同、公关人员、接待人员等。在重要场合介绍贵宾时,介绍人必须由在场之人中地位最高者担任。家庭聚会中,女主人充当介绍人。

2. 介绍顺序

(1) 强调式:适用于各种社会交往场合,内容除了介绍被介绍者的姓名外,往往还可以强调一下,介绍者与被介绍者之间的特殊关系,以便引起另一位被介绍者的重视。

(2) 引见式:适用于普通的社交场合,作这种介绍时,介绍者所要做的是将被介绍者双方召集一起,而不需要表达任何具有实质性的内容。

(3) 推荐式:适用于比较正式的场合,多是介绍者有备而来,有意要将某人推荐给某人,因此在内容方面,一般会对前者的优点加以重点介绍。

(4) 礼仪式:适用于正式场合,是一种最为正规的他人介绍。其内容略同于标准式,但语气、表达、称呼上都更为礼貌、谦虚。

(三) 集体介绍

集体介绍是他人介绍的一种特殊形式,被介绍者一方或双方都在两人或两人以上。大体情况有两种:一是为一人向多人作介绍;二是为多人向多人作介绍。

进行集体介绍的顺序可依据他人介绍的顺序酌情处理，但需要注意的是，越是正式、大型的社会交往活动，越要注意介绍的顺序。

（1）少数服从多数。当被介绍者身份大致相似、双方地位大致相同时，应先介绍人数较少的一方。

（2）强调地位、身份。若被介绍者双方地位、身份存在差异，虽人数较少或只有一人，也应将其放在尊贵的位置，最后加以介绍。两边都是单位的话，一般要把地位低的一方先介绍给地位高的一方。如果双方分别是集体与个人，先把个人介绍给集体，因为个人比集体人少，所以其地位低。

（3）单向介绍。在比赛、会议、会见、演讲、报告时，通常只要将主角介绍给参加者。

（4）人数较多一方的介绍。若被介绍一方人数较多，可采取笼统的方式进行介绍。如："这边是我的家人，这边是我的同学。"

（5）两方以上集体的介绍。若被介绍的不只两方，需要对被介绍的各方进行位次排列。排列的方法：第一，以其负责人身份为准；第二，以其单位规模为准；第三，以单位名称的英文字母顺序为准；第四，以抵达时间的先后顺序为准；第五，以座次顺序为准；第六，以距介绍者的远近为准。

二、握手礼仪

（一）握手的次序

握手礼仪一般遵守"尊者先伸手"的原则，按照一定的先后次序，不可贸然抢先伸手。握手次序如下：

1. 男女之间握手

遵循男士等女士先伸手后才握手的原则。如果女士无握手之意，男士可以用点头或鞠躬致意。握手时，男士需要脱帽和脱下右手套，女士除非对长辈，一般可以不必脱手套。

2. 宾主之间握手

遵循主人先向客人伸出手的原则。客人来访时，无论客人是男宾还是女宾，女主人应该主动先伸出手。对于男主人，如果客人是女宾，也要先伸出手，表示"热烈欢迎"之意。在告辞时，客人则应先伸出手与主人相握，表示"再见""感谢"之意。

3. 长幼之间握手

长幼之间握手，年幼的一般要等年长的先伸手。和长辈及年长的人握手，不论男女，都要起立趋前握手，并要摘下手套，以示尊敬。

4. 上下级之间握手

一般情况下，下级要等上级先伸出手，以示尊重。如果涉及其他关系时，如当上下级是宾主关系时，可以不考虑上下级关系，主人先伸手表示热情欢迎。军人戴军帽与对方握手时，应先行军礼，然后再握手。

5. 一人与多人之间的握手

当一个人与多人握手时，需要讲究先后次序，遵循先长辈后晚辈、先女士后男士的顺序。多人同时握手忌交叉，不可左手、右手同时与两个人相握，也不宜隔着中间的人握手，要等别人握完后再伸手。与多人握手时精神要集中，微笑致意，注视对方，不能东张西望。

（二）握手的方法

1. 握手的标准方式

握手者行至距握手对象1米处，双方相向而立，双腿立正，上身略向前倾，伸出右手，四指并拢，拇指张开与对方相握。相距过远，会显得生疏；过近，则会使对方感到局促。握手时用力要适度，上下稍许晃动三四次，握手时间不宜超过3秒，随即松开手，恢复原状。（见图3–9）

握手时间的长短可根据双方亲密程度来定。初次见面者，时间可以短一点；和久别重逢的朋友握手，时间可以长一点；与异性握手时间不宜过长。

2. 握手的类型

（1）控制式。控制式是将掌心向下或向左下握住对方的手。此类型握手通常体现一种主动、优势、傲慢、自高自大。

（2）谦恭式。谦恭式也可称为友善式握手，是将掌心向上或向左上与对方相握。此类型的握手通常体现被动、谦恭、谨慎，也表达一种对对方的尊重与敬仰。

（3）对等式。对等式也称为平等式握手，是双方手心都向着左方握在一起，手掌垂直于地面。此类型的握手体现友好、平等。

（4）双握式。双握式也称为手套式握手，是双方右手相握的同时，再用左手加握对方的手臂。这种方式一般适用于亲朋好友之间表达深厚情谊，不适用于初识者和异性之间的握手。这样握手体现诚实可靠、热情真挚。

（5）捏手指式。捏手指式是握手时捏住对方的几个手指或指尖。通常是女士与男士握手时，女士为了表示矜持与稳重所采用的方式。同性之间的这种握手会给人以生疏和傲慢之感。

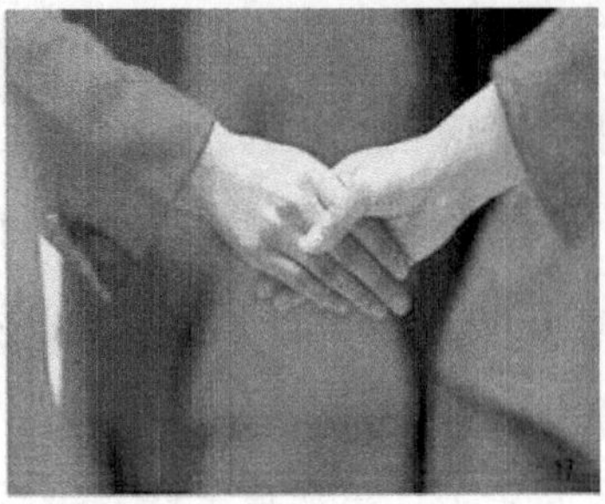

图3-9 握手方式

三、名片礼仪

正确使用名片是对交往对象尊重的表现。在名片的携带、递送、接受、存放等诸环节,递接双方都应遵守一定的社会交往礼仪。

(一)携带名片

1. 足量适用

携带名片数量要充足,确保够用,避免出现名片提前用完的情况。

2. 完整无损

携带名片应干净整洁,要定期整理,不可出现褶皱、破烂、肮脏、污损等情况。

3. 放置到位

携带的名片应置于名片夹、公文包或上衣口袋之内,不应随便放在钱包、裤袋之内。如果在室内可放于办公室名片架或办公桌内,位置要固定,避免需要名片时东翻西找。

(二)递交名片

1. 递交名片次序

递交名片要遵循"尊卑有序"的原则。一般情况下应由尊而卑、由近而远,依次进行。例如,晚辈先递交给长辈、男士先递交给女士、下级先递交给上级、主人先递交给客人等;在多人之间递交名片时,切勿采取"跳跃式",以免遗漏其中某些人,使对方产生厚此薄彼之感。最佳的方法是按顺时针方向依次发送。

2. 递交名片方法

递上名片前,应当先向接受名片者打个招呼,简单作一下自我介绍,使对方有所准备,以免产生突兀之感。

递交名片时要起身站立主动走向对方,面含微笑,上身呈15度鞠躬状,用双手拇指和食指执名片两角，其余手指托住名片反面，让正面的文字朝向对方，以便对方观看(见图3-10)；恭敬地送到对方胸前以示尊重，同时可以讲一些“我叫××，这是我的名片请笑纳”“有事可以找我”“请多联系”等礼节性用语，切勿左手持握名片。

递交名片时表情要谦恭，态度要从容，动作要大方。参加会议时，应该在会前或会后交换名片，不要在会中擅自与别人交换名片。不要在用餐、观看戏剧、跳舞之时发送名片。

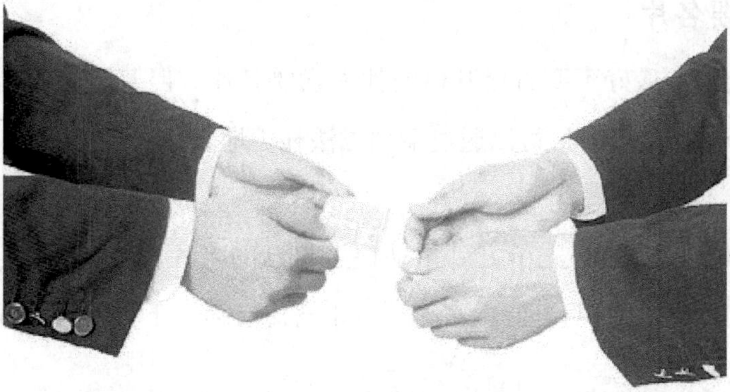

图3-10 递交名片

3. 与外宾交换名片

如果对方是外宾，一般用右手持名片的一角就可以，不要用食指和中指夹着名片给别人。递交名片时将名片上印有对方认识的文字的那一面朝向对方，同时配一些友好的礼貌用语。

(三) 接受名片

1. 起身迎接

接受他人名片时，要暂停手中的一切事情，起身站立相迎，面含微笑，双手或右手接名片，同时向对方致谢，使用谦词敬语，例如：“能得到你的名片十分荣幸”“谢谢”等。

2. 认真阅读

接过名片后，最好把名片上的内容认真看一遍，可以将名片上重要的内容读出来已示对对方的尊重和敬佩，同时也加深了对名片的印象。若对方名片上有不清楚的内容或不认识的字，也可当场请教。

3. 收好名片

看完名片后，郑重地将其置于名片夹、公文包、办公桌或上衣口袋之内，并表示感谢。切勿将其随意乱丢乱放，忌在名片上放置其他物品。在对方离去之前，或话题尚未结束，不必急于将对方的名片收藏起来。

4. 回赠名片

接受他人的名片后，一般应回敬给对方一张自己的名片。如果没有名片、名片用完或者身上未带名片时，应向对方做出合理解释并致以歉意，例如：“很抱歉，我没带名片，下次再送给您。”切忌毫无反应。收到别人的名片而不回送自己的名片或不作解释，是没有礼貌或予以拒绝的表示。

（四）索要名片

如果没有必要，最好不要直接开口向他人索要名片。但若想主动结识对方或者有其他原因有必要索取对方名片时，可以通过下列方法礼貌地表达。

1. 互换法

古人云：“将欲取之，必先予之。”主动递上自己的名片，对方按社交礼仪会回赠一枚名片。也可以在递上名片时明言此意：“能否有幸与您交换一下名片？”这种方式适用于不熟悉或初次相识的人。

2. 联络法

长辈对晚辈、上级对下级或者平级平辈人之间，可以表达：“认识你很高兴，以后怎么和你联系比较方便？”“请问今后怎样与您联系？”等。

晚辈对长辈或者向尊长者索要名片时，可以表达：“以后能不能向您请教？”“请问今后如何向您请教？”等。

面对他人的索取，一般不应直接加以拒绝。如果的确有必要这么做，也需注意分寸，可以向对方表示自己的名片刚用完或者忘记带名片等。

四、餐饮礼仪

就餐是人们生活中重要的环节之一，同时也是在公务场合之外，拉近彼此距离、沟通情感、融合和建立联系的最佳场合。因而，就餐不能简单理解为吃饭，而是一种半应酬的场所。所以，通晓餐饮礼仪显得尤为重要。

餐饮礼仪是指人们在赴宴就餐过程中，根据一定的风俗习惯约定俗成的程序和方法，在就餐仪态、餐具使用、菜品食用等方面所表现出的自律和敬人的行为，是餐饮活动中需要遵循的行为规范与准则。莎士比亚说过：“在宴席上最让人开胃的就是主人的礼节。”这就是说，让人酒足饭饱远不只就餐的全部，其中的餐饮礼仪与餐桌上的菜品同样重要。

（一）中餐

中餐宴会是中国特有的宴饮聚会，有着浓郁的东方特色。其特点是提供中式菜点，使用中式家具、餐具、茶具和提供中式服务，基本按中国人传统方式进餐。

1. 入席的安排

中餐非常讲究座位的安排，因为座位的安排体现了地位的尊卑。因此在中餐的宴席上，首先得确定最重要的位置，即主位，然后才能安排其他的座次。正规的中餐一般使用圆桌。主位位于进门对面的位置。据说古代皇帝总是坐北朝南，所以朝南的位子为尊，而通常的民宅是坐北朝南盖房子，因此座位正对门，就是朝南。后来沿袭下来，所以就以朝门为尊了。首位右边位子为主宾（第一主宾），左边为次宾（第二主宾），剩下的依此类推。在宴会入席时，大家都得等主客在主位上坐定后才好就座（见图3-11）。

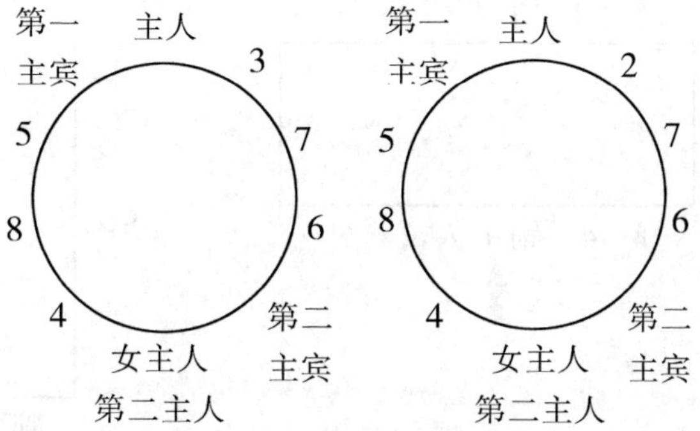

图3-11　中餐位次图

2. 席间事项注意

汤碗、汤匙、餐盘、筷子是中餐里主要的餐具，使用时应该各司其职。汤碗用于盛放主食、羹汤；汤匙舀取流质的羹、汤；餐盘用于盛放食物，或者盛放残渣、骨头等；筷子用于夹菜。

进餐过程中不要将碗端起来进食，更不要双手端起碗来进食；食用碗里盛放的食物时，应以筷、汤匙加以辅助；不要用自己的筷子给别人夹菜，这样不太卫生；吃东西的时候闭嘴细嚼，不发出声响；当遇到食物不知道怎样食用的时候，不要贸然行事，应先观察别人的食用方法，以免闹出笑话。就餐过程中，不要闷头吃，而要注意和邻座的人有一些交流，以增进感情。

（二）西餐

西餐是对西式饭菜的一种约定俗成的统称。西餐除了与中餐在口味上有所区别外，还有两个鲜明的特点：一是它们来自西方国家；二是它们的取食工具是刀叉。

1. 座次安排

最常见、最正规的西餐桌当属长桌。在西餐礼仪里，座次安排也有其讲究(见图3-12)：

(1)女士优先。主位一般是面对门的中间，第二主位则是背对门的中间。在排定用餐座次时，为体现女士优先，女主人就座主位，男主人则须退居第二主位。男女主人相对而坐，也可以男女主人在长桌中央对面而坐。

(2)以右为尊。在排定位次时，以右为尊依旧是基本原则。就某一特定位置而言，其右位高于其左位。例如，应安排男主宾坐在女主人右侧，应安排女主宾坐在男主人右侧。

(3)交叉排列。座位的交叉排列，是指男女交叉、生人与熟人交叉排列，因此，一个用餐者的对面和两侧，一般是异性，而且还有可能与其不熟悉，这样排位的优点是可以广交朋友。

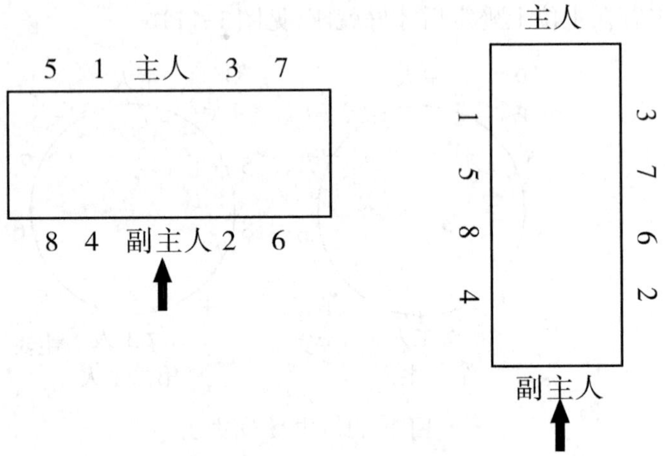

图3-12 西餐座次图

2. 餐具的使用

左手持叉，右手持刀。左手持叉将右手切好的食物送入口中，也可以右手持刀将食物切成小块后，把刀放下，右手持叉送食入口。通常，正式宴会用前一种方法，便餐用后一种方法。

3. 离席餐具的摆放

用餐过程中，如需离席，要将手中的刀口向内，叉齿向下，摆成“八”字形状放于餐盘上，这是暗示服务生客人只是临时离席，还没有吃完，请不要撤掉餐具和刀叉。

如果用餐完毕，准备离席了，应该将刀口向内，叉齿向上，将刀叉平行放在餐盘中，表示服务生可以在客人离开后将刀叉与餐具同时撤掉，用餐完毕(见图3-13)。

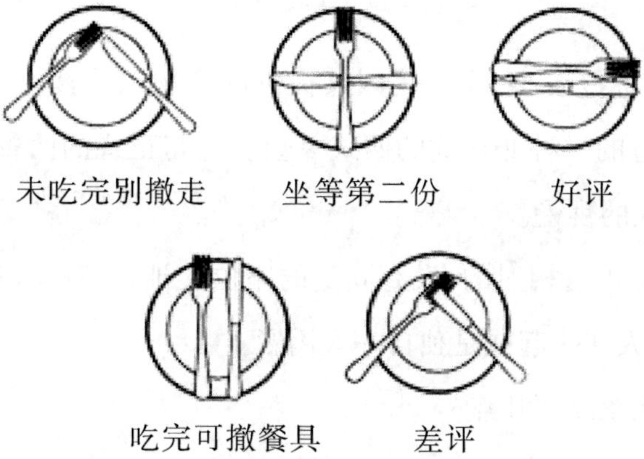

图 3-13　西餐离席餐具摆放图

4. 西餐的细节

西餐礼仪源远流长，十分讲究规矩。在吃西餐的过程中，一些小的细节如果不知晓，就可能闹笑话，且是非常失礼的行为，严重影响自身的形象。

·切割食物时，两肘下沉，这样既优雅同时又不妨碍他人。

·食物一定要切小块，小口吃，一次一口。

·切食物时要尽量轻巧，不要弄得叮当作响。

·吃鸡、龙虾时，经主人示意，可以用手撕开吃，或用刀叉把肉割下，切成小块吃；切带骨头或硬壳的肉食，叉子一定要把肉叉牢，刀紧贴叉边下切，以免滑开。

·席间谈话时，可以不必将刀叉放下。但如果你必须做手势，就应该把刀叉放下。

·进餐时候和邻座的人轻声交谈，不可大声喧哗。

·吃东西时应细嚼慢咽，嘴里不要发出很大的声响。

·吃西餐坐姿要正，身体要直，脊背不可紧靠椅背，一般坐于座椅的 2/3 即可（见图 3-14）。

图 3-14　西餐坐姿

（三）自助餐

自助餐，有时亦称冷餐会，主要是因其提供的食物以冷食为主，也可以有少量的热菜。它是目前国际上通行的一种非正式的西式宴会。它与正式的西餐相比，更加自由、方便，因而受到越来越多的人的喜爱。

自助的含义是与正餐相对的，没有固定的座位安排，就餐者可随意地自行选择食物、饮料，然后自由地与他人在一起或是独自一人用餐。

自助餐中应该注意以下几点。

1. 排队取菜，循序取菜

自助，就是自己照顾自己，但也要遵守先来后到的原则，排队取食，礼让别人；尽量按先后顺序取菜，依次是：冷菜、汤、热菜、点心、甜品和水果，否则显得不懂规矩，让人笑话。

2. 多次少取，力戒浪费

“多次少取”，就是每次应当只取一小点，待品尝后，觉得它适合自己的口味，再次去取。这样所取既可以让自己吃好，又避免了浪费。取菜时建议不要将多种食物混杂在一个盘子里，这样有可能导致食物味道互窜，影响食欲。

（四）咖啡

咖啡一直是欧美国家诸多饮料之中的主角，咖啡不仅用来提神、解渴，还频频出现于各种各样的社会交往场合。因此，喝咖啡在很大程度上是一种礼仪活动。

喝咖啡的礼仪如下：

1. 拿杯

咖啡杯的正确拿法，是拇指和食指捏住杯把儿再将杯子端起。

2. 加糖

可用咖啡匙舀取砂糖，直接加入杯内；也可先用糖夹把方糖夹在咖啡碟的近身一侧，再用咖啡匙把方糖加在杯子里。

3. 咖啡匙

咖啡匙是专门用来搅拌咖啡的，饮用咖啡时应当把它取出来。

4. 杯碟

放在饮用者的正面或者右侧，杯耳应指向右方。饮咖啡时，可以用右手拿着咖啡杯的杯耳，左手轻轻托着咖啡碟，慢慢地移向嘴边轻啜。添加咖啡时，不要把咖啡杯从咖啡碟中拿起来。

5. 点心

饮咖啡时如果想吃一些点心，应当放下咖啡杯。不要一手端着咖啡杯，一手拿着点心，吃一口喝一口地交替进行。

6. 禁吹

刚煮好的咖啡太热，可以用咖啡匙在杯中轻轻搅拌使之冷却，或者等待其自然冷却，然后再饮用。用嘴试图去把咖啡吹凉，是很不文雅的动作。

礼仪心得

第四章　幼儿礼仪

【目标导航】

幼儿礼仪最好的教育时期是在8岁之前，在最合适的年龄给予最好的教育滋养，是送给他童年最好的礼物。本章主要内容介绍了幼儿形象、举止、语言、家庭、社交等方面的礼仪。

本章的学习目标：

1. 掌握幼儿礼仪的概念和内涵；

2. 理解幼儿礼仪的重要意义和理论基础；

3. 掌握幼儿礼仪教育的内容与方法；

4. 学会分析幼儿礼仪教育活动中的问题、原因，引导幼师生在见习实习和未来工作中，主动渗透幼儿礼仪规范。

第一节 幼儿礼仪概述

案例导读

某天早晨七点左右,正值上班上学的高峰期。公交车上坐着不少小学生和学生家长。出于自愿或者被迫,所有学生都拿着书本在看。一个二三年级模样的女生在大声背着单词,不时被旁边的妈妈把正确的读音纠正成错误的。坐在她前排的家长,听了一会儿回过头来对着初次见面的陌生人大谈教育经验,不时赞扬坐在旁边苦读故事的儿子的优秀成绩。女生的妈妈不甘示弱,要求闺女现场背一段英文课文,女生一开始是拒绝的,却也顺利地背下了整篇,后来起了兴致干脆站到座位上,宛如歌星开演唱会似的前后示意,“谢谢叔叔阿姨,谢谢爷爷奶奶”,前后座几个爷爷奶奶辈儿的根本不知道背的啥,却交口称赞这位家长的教育了不起,孩子将来一定有出息,众人一齐鼓掌,司机也跟着叫好。然而没人教会她公共场合大声喧哗不合适;没人告诉她座位是公共物品,踩在上面会影响别人使用;没人告诉她开车时站立在座位上的危险性:似乎这些都不重要。被这样教育长大,会成为一个怎样的人呢?

案例分析

幼儿需不需要从小开始懂礼貌?如果家庭和社会教育只关注了孩子的学习成绩,却忽略了文明礼貌,是不是完整的教育?

一、何为幼儿礼仪

为防止实践当中对幼儿礼仪的歪曲和滥用，在阐述幼儿礼仪的重要性之前，有必要对幼儿礼仪的内涵进行阐述和分析。如前所述，礼仪既有外在的表现，又包括内在的体验，它应该是内外的有机统一，是道德体验和道德行为的有机统一。在强调幼儿礼仪时，切忌忽视幼儿心理发展的规律和特点，提出超出幼儿发展水平的要求；切忌以教条的方式要求幼儿无条件地服从外部的礼仪规则，忽视幼儿学习的主体性和主动性。毫无疑问，只有幼儿真正将礼仪的外在规则内化为自己内心的需要以后，良好的行为习惯才能真正养成。这样一来，对于3~6岁幼儿礼仪有合理合情的期待，并基于科学的心理学研究，才能从《3~6岁儿童学习与发展指南》中找到理论和现实的依据。故此，在幼儿社会领域中有三个发展目标，分别是“与同伴友好相处”“关心尊重他人”“遵守基本的行为规范”。这三个发展目标无疑是幼儿礼仪的内涵核心。

幼儿礼仪中“与同伴友好相处”“关心尊重他人”“遵守基本的行为规范”的要求是具有层次性的，对不同年龄阶段的儿童是有差异的。教育心理科学表明，需要遵循儿童发展的客观规律，不跨越年龄阶段去要求幼儿；同时，由于幼儿身心发展还存在明显个体差异，要正视和允许幼儿发展中的个体差异性，切忌简单粗暴对幼儿进行直接的衡量和横向的比较。《3~6岁儿童学习与发展指南》在总则当中也明确指出：“儿童的发展是一个整体，要注重领域之间、目标之间的相互渗透和整合，促进幼儿身心全面协调发展，而不应片面追求某一方面或几方面的发展。”所以从社会领域内部而言，在关注幼儿礼仪要求的同时，需同步密切关注其他关联发展目标，如儿童愿意与人交往，具有自尊、自信、自主的表现等，特别要防止因追求外在的礼仪规范，而导致儿童自尊、自信、自主受挫。

二、幼儿礼仪的重要性

1978年，全世界诺贝尔奖获得者在法国巴黎的聚会中，有记者问当年的诺贝尔物理学奖得主卡皮察：“您在哪所大学、哪个实验室里学到了您认为是最主要的东西？”出人意料的是，这位白发苍苍的老人毫不犹豫地回答道：“是在幼儿园。”记者愣住了，然后接着问：“您在幼儿园学到了些什么呢？”老人如数家珍地说道：“把自己的东西分一半给小伙伴们，不是自己的东西不要拿，东西要放整齐，吃饭前要洗手，做了错事要表示歉意。午饭后要休息，学习要多思考，要仔细观察大自然。从根本上说，我学到的全部东西就是这些。”

这则广为传诵的故事，一般都用来例证学前教育的重要性，或者更深层次地被用来阐述学前阶段教育对终身发展和成就的深远意义。如果认真分析这个诺贝尔奖获得者所说的话,另一个层面的发现则清晰浮出:他所提及的幼儿园所学的东西,并不是常规知识,而是学习的习惯和兴趣,尤其是日常生活中的行为习惯。现在很多家长都想让自己的孩子赢在起跑线上,殊不知,学龄前的儿童,最重要的不是知识的灌输、技能的训练,而是良好行为习惯的养成和良好人格的培养。因为,学龄前是儿童社会性发展的关键时期。“不学礼,无以立”,礼仪是孩子未来面对竞争的软实力,因为这是一个越来越注重素质修养的社会。

(一) 当前存在重认知发展、轻礼仪教育的倾向

在幼儿园里,经常会看到这样一些非正常的现象:有的孩子只为一点小事,就对家长大发脾气,甚至对爷爷奶奶拳打脚踢;有的孩子还会坐在小椅子上,跷着二郎腿,一甩一甩的;有的则鞋子都不脱,整个人蹲在椅子上;有的孩子随地吐痰,乱扔饭菜,在公共场合大喊大叫;等等。

近年来,随着物质生活水平的提高,以及之前国家计划生育政策的执行,很多家庭都呈现出“6+1”模式:六个大人围着一个幼儿,对孩子的需求百依百顺。尤其是新生代父母,对西方“自由”的理解过于偏狭,幼儿教育规划意识较差,导致幼儿与他人交往中自我中心非常严重。更为突出的是,新生代父母迫于社会竞争的压力,在更加注重幼儿早期教育的同时,简单认为早期教育就是智力开发与培养,只关注儿童认知发展,忽视、漠视幼儿的社会性发展,更不可能全面关注儿童礼仪教育的核心内涵协调发展。

(二) 学龄前是儿童礼仪规范发展的关键时期

如前所述,幼儿在成长过程中,应发展养成的礼仪规范,大多属于社会性发展的目标,如遵守基本的礼仪规范、关心尊重他人、能与同伴友好相处等。众所周知,学龄前是个体终身社会性发展的关键时期。俗话说,“三岁看大,七岁看老”,意思就是幼年时期的发展对后继学习和终身发展具有持久而深刻的影响。著名的教育家约翰·洛克同样指出:幼儿阶段是培养孩子正确礼仪的重要时期。心理学上诸多理论也都说明,儿童早期教育是个体社会性发展的关键时期。精神分析学的代表人物弗洛伊德就认为:往往由于注意祖先的经验和成人生活的经验,却完全忽视了儿童期经验的重要。……因为儿童期经验发生于儿童尚未完全发展的时候,更容易产生重大的结果。弗洛伊德还认为,成人的人格模式是从很早就开始形成的,并且在5岁左右就完全定型了。因此,儿童的人格发展是否正常,和5岁以前的经历有很大的关系。

著名教育家陶行知也曾经说过:“6岁以前是人格陶冶最重要的时期。这个时期培养得好,以后只需顺着他继长增高的培养上去,自然成为社会优良的分子;倘使培养得不好,那么,习惯成了不易改,倾向定了不易移,态度决了不易变。这些儿童升到学校里来,教师需费尽九牛二虎之力去纠正他们已成的坏习惯、坏倾向、坏态度,真可算为事倍功半。”这说明幼

儿时期，不仅仅是智力早期开发的重要阶段，更是塑造良好道德品质的关键时期。良好的礼仪教育，不仅是幼儿良好道德品质发展的有机组成部分，同时对塑造幼儿良好的道德综合素质有着重要的作用。

（三）幼儿礼仪教育能综合提升社会公民素质

礼仪属于人们生活交往的准则，反映了一个国家的风俗习惯，也是民族文化的重要标志之一。礼仪涉及人的修养、社会关系，不仅对自身起多重作用，还对他人、集体、社会，甚至自然界起多重作用，从某种角度来说，良好的礼仪习惯对国家的安定团结、对社会的稳步发展均具有积极的促进作用。中国素有"文明古国，礼仪之邦"的美称，中华民族自古以来就非常崇尚礼仪，礼仪传统源远流长。几千年的礼仪传统，无疑是构成中华民族传统文化的重要组成部分。作为中华民族的子孙，继承和发扬祖辈流传下来的优良传统文化是不可推卸的责任。

原国家教委副主任柳斌在论述素质教育时，非常强调文明礼貌的重要性，指出："文明礼貌的传统不能在新一代人中丢失，如果一旦丢失了，小而言之，会带来社会秩序的混乱，大而言之，会给国家、民族带来灾难，带来耻辱。礼仪是调节人们行为的一种规范，调节人际关系的一种规范，有礼仪规范，才能使社会生活井然有序。"也就是说，要保持国家的安定团结，使社会经济稳步发展，必须抓紧民众礼仪习惯的培养和训练。由于，学前儿童时期是一个人个性、品德开始形成的重要时期，这个时期形成的习惯是非常牢固的，往往会影响一生而成为个人行为准则的组成部分，正如歌德所说："一个人的礼貌就是一面照出他肖像的镜子。"故此，幼儿礼仪教育不仅是现代社会发展的需要，由于儿童是未来的社会公民，其礼仪习惯和水平更是直接关系到千家万户，关系到未来的社会风气，其综合素质更是决定了未来社会公民的综合素质。

好的礼仪习惯给孩子带来的是一生受益，幼儿时期是孩子养成良好习惯的最关键时刻，智商可以遗传，然而好的习惯和品行却是永远无法遗传的，它是教育中最重要的。我们现在的社会，文明程度越来越高，礼仪就更加重要，从小学习礼仪也是为了长大后更好更快地适应社会生活，良好的礼仪习惯会成为孩子人际交往中最闪亮的名片！

礼仪心得

第二节 幼儿礼仪行为存在的问题及原因分析

案例导读

星期一早晨，爷爷送明明上幼儿园。来到幼儿园门口，爷爷把书包递给明明，让他自己走进教室。可明明却把书包扔在地上："你这个老东西，快点帮我把书包拿进教室！"旁边的老师说："明明，他是你爷爷，你怎么让老人家帮你拿书包呢？"明明回答："他比我大，就应该帮我拿东西。"

案例分析

试分析该幼儿在语言礼仪上存在哪些问题？

____

____

一、幼儿礼仪行为存在的问题

（一）幼儿礼仪意识不强，礼仪行为主动性差

综合上述观察和调查数据及对幼儿园老师访谈的结果可以发现，在尊敬师长礼仪、同伴相处礼仪、待客礼仪、进餐礼仪各方面，只有极少数的幼儿能主动做到。多数幼儿并不能很好地完成这些礼仪行为，部分幼儿甚至完全做不到。幼儿缺乏礼仪意识，对礼仪行为自然就不能主动地完成。例如，在第二节案例导读中幼儿A和幼儿C，均是经过老师提醒后才意识

到应该跟老师问好，得到老师的帮助应该说“谢谢”。在进餐礼仪中，幼儿能做到在“进餐时咳嗽打喷嚏能捂嘴、将身体转向无人地方”的幼儿人数呈上升趋势，但是涨幅不明显，咳嗽打喷嚏是一种有预见性的身体反射，即使感冒，幼儿也应该及时捂住嘴巴防止口内食物迸溅到别人，这方面的礼仪行为幼儿的主动性较差。

（二）幼儿在园礼仪行为表现优于家庭，家、园表现不一致

通常，幼儿在幼儿园集体中的尊敬师长礼仪行为、同伴相处礼仪行为及进餐礼仪行为的完成情况明显优于在家庭里的表现。

一般情况下，在家中个别幼儿偶尔能做到对长辈主动问候“早上好”，或者对帮助自己的长辈说“谢谢”。那么，在幼儿园里，这样的幼儿每天早晨入园通常都会主动跟老师问候“早上好”，除情绪不好特殊情况外，在得到老师或者小朋友的帮助后，也会主动跟对方说“谢谢”。

而在家中部分进餐礼仪行为做得很不理想的幼儿，比如把自己不喜欢吃的菜放到爸爸妈妈的碗里、一边吃饭一边说话、进餐过程中打喷嚏直接对着碗不用手遮挡等，在幼儿园里，他们进餐过程中一般会表现出相对于在家里比较好的礼仪行为，比如低头安静用餐、会把自己餐盘里的食物吃净、有时候打喷嚏后会想起用手捂住嘴巴。

同样，在幼儿园，幼儿在与同伴产生矛盾时会向老师寻求帮助、放下与同伴矛盾的事情或争抢的玩具、转移注意力做其他事情等礼仪行为，发生的可能与频率，随着年龄增长越发明显。但在家中，幼儿与同伴相处产生矛盾时很难与小伙伴友好协商解决问题，甚至会有推搡小伙伴的事情发生。

二、幼儿礼仪行为存在问题的主要原因分析

（一）幼儿礼仪教育实施方面的原因

1. 幼儿身心特点对幼儿礼仪行为的影响

国家颁布的一些指导性文件都指出了幼儿身心发展规律是幼儿教育的基础。例如《幼儿园德育大纲》中指出：“幼儿的身心发展已使他们具备接受教育的条件……幼儿的认识、情感、意志的心理过程以及个性的发展是幼儿接受品德教育的基础。”毫无疑问，遵循幼儿的身心发展规律、适应幼儿心理过程和个性形成过程的特点，才有可能达到理想的教育目标和教育效果。

首先，脑科学研究表明，3~5岁的幼儿大脑皮层在继续发展，皮层的额叶在迅速增长，但

大脑皮层活动的兴奋过程和抑制过程发展不平衡，兴奋过程强度大于抑制过程，因此，幼儿的行为通常表现为兴奋过程，从而使幼儿的礼仪行为有极大的不稳定性。研究同样表明，幼儿控制自己行为的能力是随着年龄的增长而发展的，幼儿初期的自我控制能力3~5岁比较弱，所以，年龄越小的幼儿礼仪行为完成情况较差，不能自觉地完成一些活动，需要成人的指导与帮助。但随着年龄的增长，幼儿的自我意识和自我监督不断发展，促进了行为自控能力的发展，所以中班、大班的幼儿在成人语言指导和有意识的要求上相比小班要减少许多，年龄大的孩子会逐渐发展出自我监督机制，内部动机会逐渐起作用，表现出的礼仪行为也会相对稳定。

其次，幼儿的心理发展特点突出了幼儿的礼仪行为会有明显的随意性。皮亚杰曾提出，2~7岁的幼儿思维处于“前运算阶段”，这一阶段的幼儿将前一阶段的动作内化，形成表象，再借助表象直观地再现行动，也可以利用表象进行思维，但却不能理解事物内在的联系和关系。因此，这一时期的幼儿会表现出很强烈的“自我中心”，他们能完成的礼仪行为也带有明显的不稳定性和不一致性。

总之，幼儿年龄差异及身心发展特点，从客观上影响了幼儿的礼仪行为，只有真正遵循幼儿的身心发展规律，才有可能使幼儿沿着正确的、科学的道路向前发展，从而培养出幼儿良好的礼仪行为。

2. 幼儿园的礼仪环境及礼仪教育对幼儿礼仪行为的影响

与成人一样，幼儿是在与周围环境的相互作用中得到发展的。所以，幼儿的礼仪行为也是在与环境的相互作用中形成和发展的，若没有适宜的教育环境和正确的教育措施，幼儿礼仪行为是无法得到良好发展的。一般认为，家庭和幼儿园的礼仪教育和礼仪环境相结合，是幼儿真正能做到礼仪行为的关键。对幼儿园来说，环境是重要的教育资源，相当于一名不用言传来教育幼儿的教师，故而幼儿园的班级环境创设是一门相当重要的“隐性课程”，在促进幼儿礼仪行为发展方面具有不可低估的作用。但如今的大部分幼儿园环境创设，主要集中于根据每周的主题更换相应的内容，一般并没有关于礼仪教育的版块。

同样，在很多幼儿园的一日课程表里，很难发现礼仪课程的系统性具体内容，即使有关于礼仪行为的教育，也仅仅只是老师每天用言传教育幼儿在哪些场合该注意哪些礼仪行为：该如何尊敬师长、如何与同伴相处、如何待客、如何注意用餐礼仪等等。但此前的研究已经说明，幼儿年龄尚小，其身心发展特点使幼儿难以理解抽象的道理，又因缺少生活经验，礼仪意识在幼儿头脑中是非常薄弱的。孔子说过：“其身正，不令而行；其身不正，虽令不从。”由于模仿是幼儿学习的重要途径，故而幼儿园中老师的身教对幼儿具有最直接、最重要的影响。

3. 家庭教育环境对幼儿礼仪行为的影响

调查表的统计结果显示，每一项礼仪行为都会有一部分幼儿做不到。家长对幼儿进行礼仪教育的过程中，虽然都有着美好的愿望，都希望孩子身心得到健康的发展，成为有益于社会的人，但是由于多种因素的影响，家长在对幼儿的教育方式上存在着差异，这严重影响了幼儿良好礼仪行为的养成。

在家长眼里，孩子永远太小，等长大了自然就能做到并注意这些礼仪，这种教育观念来自祖辈家长和一部分年轻家长。还有部分家长自身没有礼仪意识，认为生活无需讲究礼仪，其幼儿礼仪意识自然淡薄，更不用说拥有良好的礼仪行为了。

部分家长只注重言传不重视身教。家长会给幼儿讲礼仪故事或者口头告诉幼儿日常该如何注意礼仪，但身临其境的时候却做不到，成为负面榜样，这样再多的言传教育也起不到教育作用，更达不到教育效果。

4. 幼儿园教育观念失误

“应试教育”这一概念的提出由来已久，许多学者从不同的角度对其内涵有着不同的理解。胡洁在《“中学应试教育”引发的深思》一文中指出：“所谓应试教育，是指脱离经济发展和人们的发展需要，以应付升学考试为目的，违反教育教学规律的一种教育模式。”华中一在《论应试教育》一文中指出：“应试教育是指以考试为手段来甄别和选拔人才的教育方法。”

由此我们可以得出：“应试教育”这种教育观念主要描述的是学校的一切教育活动都是为了考试这一最终目的，考试的分数成了评价学生成绩的唯一标准。这样一来，我们不难发现，这种教育观念所导致的直接结果就是学校的教学内容仅仅局限在考试所规定的内容，学校的教育仅是一味地灌输统一的科学知识，并没有关注孩子综合素质的教育。近些年来，应试教育的教育观念影响的范围越来越广，虽然现阶段我国实行九年义务教育，但是由于优质教育资源少、学生多的矛盾现象比比皆是，导致重点中学、重点小学不可避免地要通过考试来筛选生源。这种现象强化了人们对于应试教育观念的认识，并且，其范围已逐渐从高等教育扩展到中等教育，再逐渐从中等教育扩展到初等教育，甚至已经开始蔓延到学前教育领域。在有些地方，孩子们考入重点小学的升学率已经成为评价一个幼儿园知名度和教学水平的重要指标。

在这种教育观念的影响下，一些幼儿园开始对幼儿们进行学期考试，并以考试内容来作为幼儿园日常教学的教学大纲，甚至教师教学水平的评价标准都是幼儿们的考试成绩。

这样就难免导致这样一种结果：教师们只对孩子的考试成绩进行关注，想尽一切办法让孩子提高考试的分数，每天花大量的精力和时间来让孩子进行知识学习，只要孩子考得好，就完成教学任务了，而关于使孩子们养成良好礼仪行为的教育，则严重被忽视了。礼仪教育没有被纳入幼儿园的正常教学计划之中，也不在幼儿园的重点关注范围之内。

另外，幼儿园教育小学化，也是另一个原因。根据2001年颁发的《幼儿园教育指导纲要（试行）》，幼儿园的主要教育任务应该包括以下三个方面：首先，学前教育隶属于基础教育，在一个人一生当中所经历的所有教育中处于最重要的基础性地位。我国各地的幼儿园教育应该利用本地区的特色，对幼儿实行综合素质的全面教育。其次，所谓“独木不成林”，幼儿园教育不应该成为“孤岛”，而应该注重与家庭教育、社会教育的联系，把周围的各种教育资源都充分利用起来，为幼儿的健康成长创造一个良好的外部环境。最后，幼儿园应为幼儿提供一个愉快的童年，要注重对幼儿进行综合素质的培养，促进幼儿身心健康、和谐发展。因此，显而易见，幼儿园的教育目标应该是把对幼儿的保、教两个任务结合在一起，对幼儿实行德智体美劳身心健康发展的教育。然而，笔者发现，目前的多数幼儿园，却存在着一个非常严重的问题，那就是对幼儿进行小学化的教育方式。由于社会上应试教育观念的影响，以及家长们望子成龙、望女成凤的心理，幼儿园的小学化现象越来越突出。幼儿园一味地强调对幼儿们进行知识的灌输，而忽略了对幼儿综合素质的培养。笔者在观察中发现，很多幼儿园出现了提前对幼儿进行小学知识传授的现象，语文、数学、英语已成为很多幼儿园的主要课程，音乐、体育、美术等课程的比例则特别少。不仅如此，各种名目繁多的“识字班”“阅读班”“口才班”也层出不穷，致使孩子们在小小的年纪就要背负大大的压力，被各种知识压得喘不过气来，这种对孩子提前进行知识传授、违背幼儿教育规律的教育观念，对幼儿身心健康发展是没有任何好处的。在这种教育环境下，幼儿的综合素质很难得到提高，幼儿的良好礼仪行为习惯也很难养成。

（二）幼儿礼仪教育内容方面的原因

1. 传统礼仪文化的缺失

中国自古以来就有礼仪之邦之称，在我们引以为豪的中华传统礼仪文化中，礼仪文化是不可或缺的一个重要构成方面。纵观中国上下五千年的文明史，不难发现，礼仪文化在中国历史发展的洪流中产生了不可磨灭的影响。在中国传统社会生活的方方面面，礼仪文化都毫无例外地一一渗入其中。在中国历史发展的长河中，礼仪文化不仅规范了人们的日常行为举止，更是维护了社会生活秩序，并且使我们中华民族的文明能够一代代地延续下去。例如，“仁”“义”“礼”“智”“信”等传统的儒家道德观念，在几千年的历史长河中已经被内化为我们华夏民族的道德观。

然而，礼仪文化传承到近代以来，经过五四运动、新文化运动、“文化大革命”等重大历史事件的洗礼，人们的思想得到了空前的解放，曾经根深蒂固存在于头脑中的传统价值观念受到了极大的冲击，新生代的价值观和世界观也发生了极大的变化，很多优秀的传统礼仪文化被人们盲目地舍弃，传统礼仪文化的传承自然就产生了严重的缺失和断层。这样就会不可避免地导致一种不良现象：传统礼仪文化因继承的缺失导致无法延续，社会的整个道德体系开始出现滑坡现象，公民的道德素质在一段时期内开始出现下降，不符合文明礼仪规范的行为屡见不鲜。时至今日，这样的不良现象，也必然已经开始逐渐反映到学前教育领域中。

很多幼儿园盲目关注幼儿的知识培养和智力教育，却忽视其良好礼仪行为的培养。从本质上来说，幼儿教育就是对幼儿进行如何做人的教育，即对幼儿进行良好礼仪行为规范的培养。如果幼儿园的教师能够有效地利用我国的传统文化资源，那么必然会逐渐形成一套系统、全面的礼仪教育内容。但正是由于当今社会传统礼仪文化的普遍缺失，导致人们对传统礼仪文化知识的了解匮乏，进而表现在幼儿教育领域，在对幼儿的礼仪教育内容上，并没有形成一套完整、系统、详尽的礼仪教育内容体系。

2. 外来礼仪文化的冲击

不可否认，礼仪是一种文化，必然具有文化的属性。文化要想发展，就不可避免地需要一代代的上下传承以及与其他文化之间的融合与借鉴。当代社会，随着科技的快速发展，世界已经逐步进入全球化时代，世界各国之间的彼此联系已越来越紧密，其经济、文化快速借鉴融合。

西方文化正是在这样的社会背景下如波涛汹涌般涌进我国，也必然从不同层面反复冲击我国传统礼仪文化。如今很多人，包括成人和幼儿，都表现出盲目崇拜外来文化，认为国外的都是好的，比本国的文化先进、进步，不分糟粕与精华，对外来文化表现出全盘接受的态度。例如喜欢过西方节日，如圣诞节，把其视为一个盛大的节日，对此表现出浓厚的兴趣，而对于本国的很多传统节日，例如中秋节、端午节、清明节等，则表现得十分淡漠，更有甚者，压根就不知道这些节日。

在这种思想潮流的影响下，需要认真思考和抉择，方能避免本国的优良传统礼仪文化不会日趋没落。对于一个民族而言，礼仪是其最具代表性的东西，是这个民族区别于其他民族的基本属性。因此，对于成长发展处于塑造性极强阶段的幼儿来说，作为民俗知识了解外来礼仪是无伤大雅的，但如果趋之若鹜，盲目服从，照搬照抄，甚至用外来礼仪的标准来要求幼儿，则不仅使本民族的优良传统礼仪被淹没在外来礼仪文化之中，更会失去民族的尊严。

（三）幼儿礼仪教育方法

1. 忽视以身作则

中国古代著名的教育家孔子在谈及如何教育弟子时曾说过："其身正，不令而行；其身不正，虽令不从。"意思是说，要想取得良好的教育效果，施教者必须要做到以身作则，重视自身的榜样作用。因此，我们可以这样说，要想提高对幼儿的礼仪教育效果，使幼儿养成良好的礼仪行为规范，关键在于教育者是否为幼儿做好礼仪行为的榜样。可是，在很多时候，事实却令人如此尴尬。

观察案例一：

孩子们午睡时，张老师一直在强调孩子们要安静："大家要安静，不要有声音。"可是她自己呢？先是问胡老师："怎么写孩子的成长档案啊？"后来又是与其说闲话："你这项链好别致啊，在什么地方买的啊？""昨晚那个电视剧可真好看，我跟你说啊……"这两位老师一直持续不断地闲聊，一点儿都没有要停下来的意思。

观察案例二：

"小朋友们注意啦，把椅子放一边，大家应该都知道怎么搬椅子吧。"话语刚刚落地，教室里嘈杂的桌椅碰撞声此起彼伏，孩子们拖椅子走、拽椅子走的情况屡见不鲜。再看看老师，她好像是忘了刚才自己说过的话，也开始使劲拽椅子，把椅子拖到一边。

知行合一是礼仪教育能否取得预期效果的关键所在。幼儿礼仪教育的重点不在于让孩子知道什么是礼仪，而在于让孩子能够把学到的礼仪知识用于实践，并保持下去。而在现实教育实践中，很多老师只说不做，要求孩子们做的事他们自己都做不到，言行不一的现象十分严重，这样何谈对幼儿进行良好礼仪行为的培养。由于幼儿年龄很小，其生活经验和知识经验的匮乏，使得他们往往根据成人的标准来判断自己的行为是否正确，按照成人的道德判断标准来要求自己，在良好礼仪行为的养成中具有强烈的从他性。

正如班杜拉的社会学习理论所认为的，儿童是通过采用观察他们生活中重要人物的行为举止这一渠道来习得一定的社会行为规范。儿童的观察以心理表象或其他符号为表征的形式储存在大脑中，来帮助他们模仿行为。可见，成人的以身作则能对幼儿产生重要的影响，幼儿良好礼仪行为的养成离不开成人的以身作则。

2. 忽视引导启发

在幼儿园的礼仪教育中，教师除了忽视对幼儿以身作则之外，还存在着这样一种不良现象，那就是一味盲目地对幼儿进行枯燥的礼仪知识灌输，消极地禁止幼儿所表现出的不良的礼仪行为，忽视对幼儿进行引导启发。除了重视言传忽视以身示范的教育影响之外，忽视对幼儿进行引导启发的现象也十分普遍。幼儿良好礼仪行为的培养应该是使幼儿能够由知到行，再由行到知的良性循环的过程，教师在这一过程中要采取多种教育手段来引起幼儿学习的兴趣，从而把幼儿的主动性调动起来，使其能够成为教学活动的主人，幼儿只有积极主动地学习礼仪规范，礼仪教育的效率才能得到显著提高。

在中国的传统教育理念中，人们普遍把教师视为课堂教学活动的主人，是课堂教学活动的中心，课堂教学活动应以教师为主导，教师在课堂上对学生进行知识灌输，而学生只能被动地接受。在这种教育观念的影响下，幼儿园的礼仪教育活动难免会把幼儿视为被动接受的客体，从而忽略幼儿的主体性，忽略幼儿自身的要求，教师也不注重调动幼儿的学习积极性，通常会忽视对幼儿的引导启发，只是强制地以外在的道德标准对幼儿进行礼仪知识的灌输和礼仪行为的规范。例如，经常会听到教师对幼儿说，你应该怎么怎么样，或者是你不应该怎么怎么样，规范幼儿礼仪行为的方法相对僵化强制，从根本上说是没把幼儿看成是一个个具有独立人格的个体，忽视了幼儿自己也有独特的需要。用这种教育方式来对幼儿进行礼仪教育自然得不到良好的效果。

（四）幼儿礼仪教育渠道方面的原因

1. 社会环境的负面影响

对于幼儿来说，周围社会的一切环境都具有强烈的吸引力，都是特别有趣的，那么，再加上他们本身对事物好奇、模仿的本性，导致他们特别留意周围的环境，尤其是特别留意身边成年人的言行举止，下意识地就会对其进行模仿。也就是说，幼儿由于其身心发展水平的特点，很容易根据成人的礼仪标准来判断自己的礼仪行为，幼儿周围的外部社会环境也很容易对幼儿的礼仪行为产生不可磨灭的影响。

但如果幼儿的生活环境中，成年人的整体道德素质不高，不文明的举止、粗俗的语言在一些公共场合屡见不鲜，例如，成年人随地乱扔垃圾、在公共场所大声叫嚷、乱插队等等，则幼儿可能会天真无邪地询问："不是不可以这样做吗，这样做不是不讲礼貌吗，可是大人们怎么这样做啊？"不仅如此，在当今社会，手机、电视、网络等各种媒体的影响力越来越大，很多影视节目为了提高收视率，吸引观众的眼球，增加利润，常充斥着色情、暴力的镜头，幼儿会由于好奇很容易地接受电视里的内容，并且模仿电视里的角色。例如，在幼儿园里，很容易看到有些男孩子模仿奥特曼攻击别人，当老师制止时，他们心里并不服气，因为他们觉得这种行为在他们所看到的电视节目里是充满"正义"的，他们是"正义"的化身。由此可以看出，对于价值观念尚没有形成的幼儿来说，不良的社会环境会导致其不健康的价值观念的形成，这对幼儿园的礼仪教育提出了巨大的挑战。

2. 家庭教育的影响

在我们的现实生活中,家庭教育对幼儿园教育的制约十分普遍。很多孩子在幼儿园里表现得很好,受到了良好的教育,可是当其回到家庭中时,由于父母教育方法的不当,导致其在家中就像换了一个人一样,把在幼儿园里学到的礼仪规范都抛之脑后,这种现象在很大程度上阻碍了幼儿身心健康、和谐发展。很多家长望子成龙、望女成凤,但是却由于缺少科学的儿童观和教育观,不懂得科学的家庭教育方法,导致在教育孩子的过程中,经常犯错误,最终影响孩子的身心健康成长。

在生活中,很多家长喜欢摆出高高在上的姿态,用说教的方式来教育孩子,以为孩子会照着他们的想法去做。但是他们却忽略了重要的一点,孩子就是孩子,不是成人,孩子具有自己独特的身心发展特征,盲目地把孩子当成成人来教育,不仅得不到预期的教育效果,甚至还会适得其反,导致幼儿逐渐失去学习良好礼仪行为习惯的兴趣。

幼儿园教师虽懂得对幼儿进行礼仪教育,可是也仅仅能在幼儿园里规范幼儿的礼仪行为,对某些家长在家庭教育中的不适当的教育行为却无能为力。例如,有的教师在幼儿园门口迎接幼儿,亲切地和幼儿及其家长问好,可有的家长竟然视而不见地走过去,连招呼都不打,如此情景,势必会严重冲击幼儿尚不稳固的礼仪价值体系。尽管教师在幼儿园一日生活的各环节中注重对孩子进行礼仪教育,但是由于家园教育不能步调一致,甚至有的幼儿形成严重的家园不一的情况,通常表现为幼儿在园和在家的言行判若两人,所以,无法让孩子养成良好的礼仪行为习惯。

礼仪心得

____

____

第三节 幼儿礼仪教育的内容和方法

案例导读

幼儿欣宝早晨走进班级门口，老师温柔地迎上前对她说："早上好！"欣宝看着老师，没有丝毫回应的意思，老师见状再一次问候她，并试着抱一抱她让其注意到老师在跟她问早，她应该回应老师，结果欣宝依旧没有回应老师。

幼儿姗姗早晨入园，妈妈把她送到幼儿园大厅门口，姗姗闹情绪不愿意入班。在妈妈和老师的劝说下姗姗同意进班，她径直走进班级，妈妈在大厅门口目送其进入班级，姗姗却没有回头跟妈妈道别说"再见"。

幼儿星星在美工区完成操作但需要一支胶棒，他对老师说："我要那个胶棒。"然后看着老师，等老师递给他，老师暗示："在请求老师帮忙的时候应该怎样说？"星星改口说："老师我要胶棒。"老师将胶棒递给他，他接过后便低头开始操作，始终没有跟老师说"谢谢"。

案例分析

从礼仪角度分析，以上幼儿存在哪些问题？

____

____

一、幼儿礼仪教育的内容

幼儿礼仪教育的内容包括:基本礼仪、校园礼仪、家庭礼仪、公共场所礼仪四个部分。基于3—6岁幼儿身心发展规律与学习特点,以适合幼儿学习的儿歌、游戏对幼儿进行礼仪教育,培养他们乐观健康的心理,培养他们与人交往、合作的能力,构建幼儿的完美人格。在学习中:幼儿的个人能力、发展水平、学习方式和生活经验都存在个体差异,需要指导者尊重、接纳每个幼儿,以鼓励、支持为主帮助幼儿朝各年龄段的指标方向进步,逐渐养成良好的行为习惯,避免不恰当的评价伤害到幼儿。

(一) 基本礼仪

幼儿的基本礼仪包括个人卫生、礼貌用语、学会倾听、进出礼仪、物品取放和与同伴的交往。在教育方法上,教师要善于运用游戏情景为载体,把身份转化为幼儿的同伴,并利用儿歌、口诀、歌曲激发幼儿学习的兴趣。如幼儿在学习如何打喷嚏时,老师可以利用口诀和动作进行打喷嚏的步骤演示。一转身,二低头,三遮挡,四阿嚏。把教育内容游戏化、情景化,是针对幼儿直观形象的思维特点。避免使用生硬、死板的说教形式,这种方式既不能吸引幼儿的注意力,又不能达到教育的目标,而且会让幼儿产生逆反的心理。

1. 个人卫生礼仪

(1) 脸蛋干净。

坚持每天早晚洗脸,包括眼睛周围、耳后、脖子的清洁。干干净净的小朋友,教师也爱抱抱、亲亲他的小脸蛋,小朋友们都愿意和他做朋友。教学内容中可以加入儿歌:花毛巾,亲亲脸,揉揉眼睛,亮晶晶,擦擦耳朵,听得清,洗洗脖子,真干净。

(2) 牙齿白白。

坚持早晚刷牙,保护牙齿。给幼儿提供镜子和喜欢的牙刷。它们能激发起幼儿想刷牙的意愿,培养幼儿天天刷牙的习惯。引导幼儿餐后用毛巾擦拭嘴巴,并用水漱口。可以和幼儿一起阅读经典绘本,通过学习让幼儿学会保护牙齿的方法。

(3) 洗头洗澡。

坚持每周至少洗操、洗头三次,夏季坚持天天洗澡,保持身体和头发的干净,平时要把头发梳理整齐,女孩齐肩的头发需要扎起来。每月给幼儿修剪头发,特别是男孩,因为男孩的运动量较大,运动完后头发都湿湿的,也有滴水的情况,容易滋生细菌。所以定期给幼儿清洗头发是非常重要的,男孩超过耳部的头发需要修剪。修剪头发时,幼儿会害怕理发师的剪刀,可以用幼儿喜欢的玩具转移他们的注意力,避免因为害怕而乱动导致受伤。

(4) 小手清洁。

幼儿在认识社会的同时，手喜欢到处摸，喜欢随地拾起东西，又不时放进自己的嘴里。如何既满足幼儿的兴趣又做到清洁卫生泥？在室内，可以提供干净的生活用品，特别要注意墙角、地板的清洁，要根据幼儿身高和常触碰的位置进行消毒和保洁。室外，要提醒幼儿清洗干净手，才能吃东西、摸脸等，让幼儿明白保持手部的清洁对健康很重要，要养成爱干净、讲卫生的好习惯。

(5) 服装干净合适。

幼儿活动时喜欢在草坪上打滚玩游戏，或随地坐下、跪下、趴在地上观察蚂蚁，早上入园还是干净的衣服，放学时就脏脏的了。教师要提醒幼儿不随意坐在地上游戏，不在地上打滚。要保持衣裤的干净、平整，爱干净，勤换衣裤。另外对幼儿的安全保护也很重要，除了幼儿在游戏中对自身和朋友的保护不相互伤害外，幼儿的服饰安全、睡眠习惯安全也同样重要。当然，这些安全是成人需要为幼儿营造的。

2. 倾听礼仪

我们经常发现，教师在给幼儿讲故事时，幼儿听到他们感兴趣的词或句，就开始发表自己的意见，唧唧喳喳，不能继续认真仔细地倾听；讲游戏要求时，又经常插嘴等。良好的倾听习惯是对别人的尊重，也是学习语言的前提条件。幼儿学习最快最主动的方法就是玩游戏。可以按幼儿的年龄特征，创设有趣的游戏，如听指令做动作、找错误、传话游戏等。

3. 语言礼仪

见到邻居、长辈或老师，小朋友要主动问好，说“陈老师好”“刘老师早上好”；分别时说“小朋友再见”“王老师明天见”。得到别人帮助后，要说：“谢谢你。”需要得到别人帮助时说：“请你帮帮我好吗？”教师要利用日常的生活环节培养幼儿使用礼貌用语的习惯。

4. 进出门礼仪

幼儿常常把开门关门当做游戏，喜欢重重地关门，听到关门时发出巨大的声响，会发出开心的笑声，但是这个游戏，往往容易压伤自己或同伴的手，还会对门造成损坏。教师要提醒幼儿轻轻关门、轻轻开门，手指不要放在门缝处，语言应以正面为主。

5. 物品拿放、递接礼仪

教师要提醒幼儿传递物品时使用双手递给别人，拿放物品时动作要轻。不是自己的东西不能拿。想翻看别人的物品时，要先征得主人的同意。更需要向幼儿强调的是，在传递物品时不能抛扔，以免伤人，接到物品的幼儿要会使用礼貌用语“谢谢”。可以和幼儿做传递物品的小游戏，如击鼓传花，反复训练幼儿的递接礼仪。

6. 与同伴交往礼仪

教师要告诉幼儿，在与同伴交往中，如同伴有困难时，应主动帮助他人，不给朋友起绰号。学习同伴的优点，学会赞美同伴："你真好""你真棒""你好聪明"等。当幼儿和同伴发生矛盾和冲突时，教师要引导幼儿采用商量、交换、轮流等方法解决问题。教师可以为幼儿创造与人交往的机会，如创设室内角色游戏区域——"餐饮店""理发店""花店"等，让幼儿扮演角色学习主动与他人交往的能力与礼仪。

（二）校园礼仪

1. 入、离园礼仪

幼儿入园时，教师采用蹲姿，抱抱幼儿，给其安全感，让其尽快适应幼儿园的生活，并大声向幼儿问好。以此引导幼儿说："李老师，早上好。"离园时，老师可采用站姿，摸摸幼儿的头，鼓励表扬幼儿今天有进步的地方，和幼儿道别："明天见。"

2. 生活活动礼仪

午睡起床时，可以引导幼儿之间互相帮助穿鞋子、扣衣服。不会穿的幼儿，可以对同伴说："请你帮我穿一下鞋子，好吗？谢谢""你可以帮我扣衣服吗？"同伴给予了帮助后，要说："谢谢。"一日活动中，教师帮助幼儿倒水、盛饭、擦手时，引导幼儿说："谢谢。"

3. 教学活动礼仪

告诉幼儿在活动中，要学会倾听老师或同伴讲话，有问题要举手，经过老师允许后再发言，不随便插嘴或和同伴聊天。坐下时，双手放在腿上，脚放进桌下，站立时，双手放身体两边，不要依靠旁边物体。根据幼儿的年龄不同，教师在组织活动之前提醒幼儿集体解便，以免活动中幼儿交替上厕所。

4. 户外活动礼仪

教师要培养幼儿户外活动时要排队的习惯，告诉幼儿跟着老师走，一个跟着一个，不能随意到处跑。在上下楼梯时，靠右行走，不大声喧哗，注意不推挤他人，以免在楼梯上滑倒。在游戏中，引导幼儿与他人分享玩具或合作完成游戏，游戏结束要把玩具送回原处。

5. 盥洗礼仪

手是孩子们接触外界最多的部位，幼儿通过用手的触摸感知、认识这个社会。于是手就成为最容易沾染细菌的部位。手很容易把病菌带到嘴里，所以我们要经常提醒孩子，养成饭前便后要洗手、手脏了要洗手的习惯，并保持小手的干净。同时要让幼儿学会正确的洗手方法。可以用洗手儿歌提醒幼儿，教师还要在幼儿每次洗手时，用语言提醒并动作示范。入厕时，让幼儿知道排队解便，引导幼儿学会保护自己私密部位不给别人看。

6. 进餐礼仪

古语有云:养其习,于童蒙。幼儿这一时期养成良好的习惯比较容易,即使有了不良习惯,纠正也比较容易。根据这特点,餐饮礼仪应从小抓起。我们常常看到,幼儿进餐时,会和同伴讲话、玩勺子、吧唧嘴、咳嗽打喷嚏时不捂嘴、遇到不喜欢吃的就不愿意进食。遇到这样的情况,老师要引导幼儿安静进餐,鼓励幼儿自己吃饭,不挑食、不说话。

7. 午睡礼仪

良好的午睡是幼儿生长发育的必要保证。为了营造安静的睡眠环境,教师要提醒幼儿进入午睡房要小声说话,逐渐学会自己脱掉衣服、裤子、鞋子。为了幼儿的安全,注意把女孩的发夹、头绳解下,放到教师处。入睡慢的幼儿,会在床上玩弄被子,有的幼儿会把衣服缝口的线拉出来缠在手臂上玩,有的会把衣服包里的卫生纸揉成团放进鼻子里、耳朵里,这是非常危险的,所以教师要检查幼儿被子内有无异物。

同时要培养幼儿保持正确的睡姿,以右侧卧姿入睡,注意不要蒙头。起床后逐步学会自己穿好衣物,并主动帮助同伴穿衣,提高幼儿的自理能力。

(三)家庭礼仪

父母是孩子第一任教师,家庭是孩子第一个学校。父母的文化素养,家庭的环境氛围对幼儿的影响是根深蒂固的。目前我国家庭教育的现状是6个大人教育1个孩子,“二孩”政策公布后,6个大人教育2个小孩,孩子之间还有相互的影响。我们常常看到,长辈对孩子百依百顺,幼儿饭来张口、衣来伸手,自理能力几乎为零。中班幼儿中,不会独立穿脱外套、管理自己物品的幼儿占到了35%,家长缺乏对幼儿行为技能的培养。在学校,对于相互谦让、分享、合作的意愿更是不足,这样的幼儿无法在幼儿园这个小型的社会中顺利地社交。

家庭教育要为幼儿适应社会、与同伴友好交往并养成良好的行为、技能、习惯打下基础。这样幼儿才能在幼儿园里顺利成长,才能积极地面对人生中的各种挑战。不要让自己的爱束缚了幼儿学习的权利。

1. 尊重长辈

看见长辈主动打招呼,不可直呼其名。要主动帮助父母做自己力所能及的事,如端茶,摆放碗筷,洗自己的毛巾、袜子。回家和离开家的时候主动告诉家人“我回来了”或“我要走了”,与长辈乘车时,主动让位给长辈坐。

2. 保管自己的物品

学会收放自己的物品,物品用完以后放回原处。爱惜物品,不浪费、独占,学会与人分享,与他们和谐相处。只玩自己的玩具,不乱翻抽屉或别人的东西。大人要把不安全的物品收放好,避免幼儿接触到。

3. 客人来访

家中有客人来，要主动微笑、礼貌问好，热情地请客人就座，并为客人端茶。收到客人的礼物，要主动致谢。客人要走，送客人到门口，并欢迎他们下次再来。与长辈交谈时不插话，应大大方方，不扭捏。

（四）公共场所礼仪

1. 过马路

遵守交通规则，过马路不闯红灯，走斑马线。过天桥时，不往下扔东西，不随地吐痰。看见长者或残疾人要主动让路。教师要以身作则，并提醒幼儿遵守交通规则。

2. 乘车

车站等车要排队，上下车不拥挤，先下后上有礼貌，看见老、弱、病、残要主动礼让，上车后主动购票，不争抢座位，不在车厢内打闹。手和头不伸出车外，不向车外丢垃圾。下车前提前准备，有人挡路，要说："请您让一下，谢谢。"

3. 乘地铁

乘坐地铁时，不带危险物品上车，主动配合安检处叔叔阿姨的检查。在站台上候车时不乱跑，在黄线后排好队，先下后上，不倚靠门。坐在椅子上，不乱动，不踩椅子。不在车厢内大声喧哗，下车时带好随身物品。

4. 乘电梯

乘坐扶梯时，排队等待，手扶扶梯，左行右立。乘坐电梯时，先出后进，主动给别人让出空地。如果人太多，不要强行挤进电梯，等下趟。电梯按钮别乱按，容易出现故障有危险。幼儿不要独自乘电梯，不要用手挡住电梯门，小心电梯夹到。如果电梯门不开，不要慌张，按下求救键等人来。

5. 逛超市

喜欢的物品要轻拿轻放，不能随意品尝、试用商品。选好物品后如不需要，应放回原处。冷冻、冷藏食品先看准再打开门拿取。付账时，自觉排队，主动向收银员问好道谢。

二、幼儿礼仪教育的方法

开展文明礼仪教育是时代的要求，也是实施全面素质教育的需要。在幼儿园实施礼仪教育，并寻求礼仪教育的有效方法，将有力促进对幼儿产生一生影响的品质培养，为幼儿的后续学习、生活和未来走向社会工作奠定良好的基础。

幼儿的主要活动就是游戏，幼儿的天性就是玩，但我们要让幼儿能在玩中得到学习。在满足幼儿兴趣的同时，要选择适合幼儿年龄特征的游戏形式，激发她们学习礼仪的兴趣，让幼儿在模仿实际生活的游戏中学习、练习、反复使用礼仪行为，并形成良好的习惯。幼儿礼仪教育的方法有：行为训练法、榜样示范法、情境体验法等。

（一）行为训练法

英国教育家洛克曾说过：给孩子规则，不如给孩子训练，没有训练就没有习惯。习惯是一种动力定型，幼儿必须在长期积累和强化的条件反射下才能出结果，这是人的生理机制所决定的。帮助幼儿形成良好习惯的最基本的方法就是反复进行行为训练。行为训练法对年龄较小的孩子来说更为重要，他们的品格养成是从实践中体验和训练出来的。

例如：小班幼儿搬动椅子有时喜欢拖着走或将椅子高举过头，这些行为既不安全，也不文明。教师可以通过故事“小椅子笑了”的形式去引导幼儿做出正确的礼仪行为。教师示范—幼儿模仿练习—反复提醒操作，让幼儿了解正确搬动椅子的方法，促进幼儿轻拿轻放椅子的良好行为的养成。

又如：对于幼儿来园的问候礼仪的培养，通过入园晨检时的提醒、老师的晨检接待、离园接待、角色游戏等多种形式不断渗透，久而久之，就帮助幼儿形成了良好的问候礼仪。另外，幼儿一日活动中很多的内容，如正确的站姿与坐姿、自觉排队、礼貌用语等内容，都必须经过反复学习和训练，久而久之才能养成一种自觉的礼仪习惯。

（二）榜样示范法

3—6岁幼儿常以模仿成人的行为来认识周围的世界，获得更多的认知经验。模仿能激发幼儿的创造力，幼儿学习榜样，大体经历从无意识模仿到有意识模仿，从游戏的模仿到生活实践的模仿的过程。常言道：“身教胜于言传。”不管是父母还是教师，你的一举一动都是孩子模仿的范本。而幼儿期，幼儿的模仿行为是随意而为之，由于幼儿自身的经验不足，也没有形成辨别是非的能力，只要自己感兴趣的就会去学去做，因此家长和教师要以优良的品质和规范优美的言行去影响幼儿，为幼儿树立榜样。

在日常工作和生活中，多多使用礼貌用语，如“请”“您好”“谢谢”“对不起”“没关系”“再见”。在学习交往中着重培养幼儿良好的坐姿、站姿、行姿、蹲姿等，促进幼儿文明恰当行为习惯的形成。为幼儿提供一个文明礼貌的生活环境，保持家园教育的一致性和持续性。

例如：教师在幼儿洗手时常提醒他们：“请排队洗手，不要拥挤。”可是教师在一次户外活动回来后，直接伸手到水龙头下，与一名正在洗手的幼儿一起洗手，没有关注正在排队等待洗手的幼儿，有一名幼儿说：“老师，你怎么不排队？”

这种只用语言教幼儿要排队、自己却不遵守排队礼仪的老师，被幼儿问红了脸，幼儿也开始模仿教师挤在一起洗手。这种错误的示范让教师每天的提醒教育显得格外苍白,所以在礼仪教育中教师要以身作则为孩子树立榜样。

再如:在幼儿园老师想引导幼儿将垃圾扔进垃圾桶,可是幼儿和父母在一起时,父母却随地乱扔垃圾,因此幼儿受到与父母关系的影响,对来自家庭中的教育因素接受得更快,养成了模仿家长乱扔垃圾的坏习惯。所以教师要经常与家长沟通,让家长了解幼儿园教师礼仪教育的内容,了解幼儿在家的活动与表现。以便采取有效的教育措施。同时还要向家长介绍幼儿学习礼仪教育的意义,促使家长能给幼儿树立榜样。

(三)情境体验法

情境体验对孩子起着潜移默化的作用,是一种无声的力量、无言的教育。《3—6岁儿童学习与发展指南》提到,幼儿是在游戏和生活中学习的。游戏是幼儿的基本活动,喜爱玩游戏是幼儿的天性,他们是游戏高手,幼儿正是通过各种游戏进行学习和获得发展的。

教师要把礼仪教育渗透到幼儿一日生活中,游戏是幼儿最直接、最容易接受的方式。通过玩的方式,把礼仪内容融入各个环节中,教师根据幼儿的年龄特征给予幼儿具体的行为指导,因此,创设一种优雅的礼仪氛围、适宜的主题情境是非常重要的。幼儿通过情景演练,获得情感体验,加深对礼仪行为的印象,是对礼仪教育的复习、运用和巩固的过程。

情境体验法通常融进情境再现和情境表演。例如:大班阶段可以观看儿童生活情景剧《迪迪家的宴会》,以找对错的形式请幼儿边看边找出对错,再进行现场模拟表演。还可以充分利用周边的教育学习资源,带大班的幼儿去中班做客,以实际情境的方式,让幼儿知道如何去别人家做客。中班阶段,幼儿已培养了初步的礼仪行为,可以创设"小吃店""小医院""理发店"等以交往为主题的情境游戏,让幼儿在模仿中再现生活经验,在交往时练习使用礼貌用语、培养个人习惯等。

例如:一名幼儿在"小吃店"扮演厨师,看见客人来了,主动向客人打招呼:"你好,你想吃什么?"客人说:"请帮我煮一碗面条,谢谢。"厨师:"好的,您请坐,一会儿就好。"上述案例,幼儿在参与游戏中自然地使用礼貌用语与同伴进行交流,这样的角色扮演游戏有助于幼儿反复练习礼貌用语的使用,并逐渐养成习惯。

礼仪心得

第四节 幼儿礼仪的改进策略

案例导读

玲玲每天最难为情的一刻就是早上妈妈送她上学的时候，她故意在家里磨蹭，不是因为厌倦上学，而是她总希望能换个人送她。因为她的妈妈每天早上送她的时候都会穿着松垮的家居服，头发胡乱地挽起来，这成了班里的一个笑话。玲玲不止一次向妈妈抗议，可是妈妈总是振振有词：这也不走光，谁规定不能穿出去？再说学校和家的距离那么近，不用再穿衣打扮了，你们小孩子又不懂审美。所以，每次玲玲和妈妈都是一前一后走到学校，只要一过马路，她就迅速离开妈妈进入校园。

案例分析

试分析父母对孩子的影响？

____

____

一、幼儿礼仪教育之建议

（一）根据幼儿的年龄特点和心理特点，科学实施礼仪教育的课堂教学和强化练习

教育心理研究表明，3~5岁的幼儿特点是模仿能力较强，但在学习模仿过程中理解能力

有限且差异比较大,而且普遍活泼好动,注意力集中的时间比较短,即使没有明显外界刺激,也很容易分神。因此,针对不同年龄阶段的幼儿,就应采取不同的方法来进行礼仪教育并强化礼仪行为。

具体而言,3岁的幼儿对情感的需求比较强烈,动作往往受情绪影响,对成人有明显的依恋,对事物的认识活动往往依靠具体的动作。4岁的孩子活泼好动,喜欢探索,能积极运用感官感知事物,由于思维的概括性和心理活动的有意性发展,任务意识增强,同伴之间的交往逐渐增多,交往能力也逐渐提高。5岁以后的幼儿求知欲强,抽象思维开始萌芽,能自己解决活动中的问题,规则意识和自我控制能力都开始增强,从而对礼仪行为的认知也有了一定概括性的理解。

在实施礼仪教育的课堂教学过程中,小班幼儿年龄偏小,教师通常可以通过故事(案例)来进行日常生活中的礼仪教育,尤其应该重视实际演练示范的方式。例如:每天早晨在班级门口亲自示范尊敬师长的问早礼仪,与幼儿互相鞠躬问早;多利用小节目的方式,带领幼儿们表演一些在日常生活中同伴相处方面的小情景剧,让幼儿们在富有情趣的情境中模仿和学习礼仪行为。中班幼儿开始适应幼儿园一日生活,在理解能力和学习能力方面有一定的提升,并已经掌握一定的礼仪行为,教师可以通过暗示强化的方法对幼儿的礼仪行为进行巩固。例如老师说:“小朋友们,今天有客人要来我们幼儿园,见到客人我们应该怎样表现呀?”幼儿齐声回答:“客人好!”大班幼儿对具体场合的礼仪行为已经有比较明确的认识,为了进一步培养幼儿礼仪行为的自觉性,教师可以每天在班级里轮流安排两名值日班长,胸前戴有班长标牌,值日班长通过以身作则并监督其他小朋友的礼仪行为、放学后老师和两名值日班长来总结和评价今天小朋友们的礼仪表现情况等方法来进行强化和互相监督。

结合幼儿的年龄特点和心理特点来制定礼仪教育策略,会使不同年龄阶段幼儿的礼仪意识和礼仪行为得到强化,达到事半功倍的良好效果。因此,在幼儿礼仪教育实践中,幼儿教师应该充分认识、把握不同年龄阶段幼儿的心理特点,甚至深入了解不同性别、性格、家庭环境的幼儿的学习能力,从而分层次、分阶段进行幼儿礼仪教育和强化练习,真正实现幼儿礼仪行为的培养目标。

(二)把幼儿礼仪教育融入幼儿园的日常校园学习生活中,创设幼儿园适宜的隐性礼仪教育环境,形成礼仪班风,巩固礼仪教育的效果

礼仪教育是一项行为教育,尤其是针对理解能力还相对不足的幼儿,创设幼儿园隐性礼仪教育环境极其重要,其目的是为了更好地促进幼儿良好礼仪行为的形成和发展。主要是因为,幼儿良好礼仪行为的形成不同于知识的习得,它是以情感为核心的动机系统和具体的

行为方式为内在和外在的保证，需要经历长期的、潜移默化的内化过程。

在具体的幼儿教育实践中，我们发现，一个班级一种风气。有的班级幼儿热情，见到教师主动问候，非常注重尊敬师长礼仪；有的班级幼儿过于拘谨沉闷或者好动喧闹，这些都是与教师的日常礼仪常规培养密不可分的。可以肯定的是，一个注重讲究礼仪班风的班级，其幼儿的礼仪行为也会做得非常好。从某种程度上看，幼儿就像一面镜子，教师向他们实施什么样的教育，他们都会真实地把教育效果反映出来。幼儿教师要充分认识到，礼仪常规并非短时间内就能够形成的，更不能是等问题出现后立即纠正就能改变的，并且礼仪教育的内在要求就是要在日常的学习生活中进行表达的。所以，幼儿礼仪教育一定要持之以恒，并且通过潜移默化的方式，每天从点滴进行教育渗透，坚持形成良好的班级风气，培养礼仪教育氛围。

具体而言，先要让幼儿理解礼仪常规的要求。引导幼儿初步理解礼仪规范的道理，在这个基础上，进一步对每个幼儿提出遵守相应的礼仪规则的要求，逐步有意识地引导优良的礼仪风气成为班级风气。在这一过程中，特别强调教师对幼儿在常规方面的要求必须一视同仁，同一班级不同教师的礼仪常规要求也要一致，否则将使幼儿产生规则紊乱的印象，不利于幼儿礼仪行为的养成和巩固。如前所述，幼儿教师要带头遵守礼仪常规要求，为幼儿树立榜样。如果教师违反了某些礼仪常规要求，幼儿就有可能形成对相关礼仪规则细节或标准的理解错误，甚至有可能对礼仪教育的内容产生疑问，从而放弃对该项礼仪的遵守。也就是说，教师的榜样作用，是良好的礼仪班风得以形成的必要条件。

（三）帮助幼儿家长树立正确的礼仪教育观念，及时获得家庭生活中幼儿礼仪教育效果的反馈，家园同步形成合力教育

俗话说，观念决定行动。家庭是幼儿生活的最主要场所，家庭教育是学校教育的重要延伸。为了达到幼儿礼仪教育的良好效果，家长必须首先树立正确的礼仪教育观念。家长要在思想上正确认识到培养幼儿礼仪行为的重要性，并坚持从幼儿开始培养。要使家长认识到，幼儿期是礼仪行为形成的关键期，错过了这个关键期，行为就很难被改变。同时，家长还要正确认识到家庭环境在内的家庭教育对幼儿教育的重要影响。要让家长强化不同家庭成员在幼儿面前的角色意识，以及家长角色所要求的示范性礼仪。家庭成员内部的教育观点要明确并且基本一致，只有相对一致的家庭教育观，才有利于幼儿明确礼仪学习和模仿的对象与内容，不统一的观点或者模糊的要求会使幼儿的礼仪行为没有明确的标准，从而淡化礼仪的要求。对于模仿力极强的幼儿来说，如果家长不断地改进、规范自己的礼仪行为，建立良好的榜样示范，家园同步形成教育合力，那么幼儿则会更加有效习得规范的礼仪行为。

1. 树立正确的儿童观和教育观

要想能够有效促进幼儿身心健康和谐发展，对幼儿进行科学的礼仪教育，必须首先从观念上树立科学的儿童观和教育观，这是对幼儿进行科学礼仪教育的理论基石。现代儿童心理学认为，儿童是在社会中具有独立性、平等性、发展性的个体，因此，应当把幼儿当成一个独立的完整的社会个体来看待，必须尊重他们的身心发展特点和规律，尊重他们的个性和能力，以及尊重他们的人格尊严和权利。由此可见，希望幼儿身心能够健康成长，不能一味盲目地把成人的观念强加在他们身上，应当把儿童期和成人期分开来，才能对儿童期有正确的、科学的理解。毫无疑问，对于一个人来说，儿童期并不单单是为了将来进入成人期做准备，更是应该有其自身独特存在的价值。而对于每一个孩子来说，快乐的童年生活都是必不可少的，童年在一个人一生的成长经历中有着不可估量的重要作用。因此，毫无疑问，与此相适应的现代的儿童教育观，目标明确指向让儿童能够身心健康和谐发展。同样的道理，对符合现代儿童教育观的幼儿园教育而言，对幼儿实施的教育不仅要与幼儿的年龄特点相适应，更要与幼儿的身心发展相适应。

幼儿园的教育并不意味着盲目地对幼儿进行枯燥的知识理论灌输，而是要对幼儿实行促进其身心和谐发展的，以及德、智、体、美全面发展的教育。因此，针对现代社会幼儿园出现的忽视礼仪教育、教学内容出现的小学化知识传授的现象，应该大力宣扬和实施真正科学的儿童观和教育观。从树立正确的儿童观和教育观开始，摒弃传统教育观念中那些急于求成、急功近利、忽视儿童自身要求的错误理念和操作模式等，改变幼儿园教育"应试化""小学化"的现象，使其教育重点开始由注重知识传授转变为注重幼儿身心健康和谐发展。

2. 幼儿园要重视礼仪教育

"目前我国幼儿教育的方向是什么？"针对这个问题，《幼儿园工作规程》以及《幼儿园教育指导纲要（试行）》等学前教育纲领性文件中非常明确地给出了答案，也为当前的学前教育发展指明了方向。《幼儿园工作规程》总则第五条："幼儿园保育和教育的主要目标是：……培养良好的生活习惯、卫生习惯……萌发幼儿爱祖国、爱家乡、爱集体……友爱、勇敢、勤学、好问、爱护公物、克服困难、讲礼貌、守纪律等良好的品德行为和习惯。"第三十一条："幼儿园的品德教育应以情感教育和培养良好行为习惯为主，注重潜移默化的影响，并贯穿于幼儿生活以及各项活动之中。"

由此可以得知，礼仪教育对幼儿园教育来说并非可有可无的点缀，而是幼儿园教育体系的重要组成部分，礼仪教育应当被幼儿园摆在重要位置，并纳入整体保教计划之中。作为幼儿教师，同样应当时刻谨记礼仪教育的重要作用，在保教过程中，时刻提醒自己要注重培养幼儿的良好礼仪行为。同时,为了达到礼仪教育的家园同步性,幼儿园也要通过采取多种方式,及时、科学、准确地向家长宣传礼仪教育的重要性。总之,教师和家长都要树立正确的教育观念,要懂得在幼儿的成长发展过程中,最重要的不是知识性的学习,而是其综合素质的提高以及身心的健康成长,要重视对幼儿的礼仪教育。对于幼儿而言,礼仪教育在他们的一生成长中将发挥重要的作用,幼儿通过礼仪教育不仅能正确习得未来社会生活中所要遵守的基本道德规范,更能逐渐懂得应如何与其他社会成员和谐相处,为他们以后的人生之路奠定坚实基础。

二、继承优秀传统礼仪文化,积极发挥传统礼仪文化在幼儿教育中的教化和感染作用,促进幼儿理解和践行当代社会礼仪

(一)幼儿礼仪教育是促进幼儿对优秀传统礼仪文化的现代认同的有效途径

众所周知,礼仪文化是传统文化传承的重要途径,幼儿礼仪也是幼儿初步建立集体、民族、家国概念和文化认同的重要手段。科学促进幼儿的礼仪认知教育,初步建立幼儿的文化认同,幼儿园首先要做到的,就是要从教育观念上矫正过去对传统礼仪文化不加辨别的直接摒弃的偏见。中国的传统礼仪文化在近代新文化运动以来,在不同阶段的文化秩序破立中多次受到质疑和否认,很多时候更被摆在和低俗文化同等的位置上而受到抨击。这种对传统礼仪文化的简单忽视,使得当今社会对优秀传统礼仪的认知、理解、实践水平逐步下降。因此,为了更有效地解决此类问题,当今社会要高度重视幼儿阶段的礼仪教育,加大力度促进幼儿对优秀传统礼仪文化的现代认同,重塑传统礼仪文化。

由于幼儿期是形成道德规范和行为规范的关键时期,所以,对幼儿园教育而言,促使幼儿对优秀传统礼仪文化的现代认同显得尤为重要。当然,在具体实践中更要懂得,实现幼儿对优秀传统礼仪文化的现代认同,并不单纯意味着简单地用过去的礼仪规范来约束和管教幼儿,而是以传统礼仪来促使幼儿在了解礼仪源头的基础上,更好地理解当代社会礼仪文化的内涵和要求,从而使其内化为幼儿的礼仪品质,使幼儿形成符合当代文明礼仪规范的良好道德认知和礼仪观念。

(二)以优秀传统礼仪文化来规范幼儿的日常行为

让幼儿对传统礼仪文化的理解,仅仅停留在对其表面内容的基本了解上,是远远不够的。更应该逐步引导幼儿,能够把优秀的传统礼仪文化践行于实践,利用优秀传统礼仪文化

的要求，在日常的现实情境中规范幼儿的礼仪行为，促进幼儿养成良好的道德品质。《弟子规》《三字经》《礼记》是我国传统礼仪文化教育的精华，是关于儿童品德修养、行为规范的国学启蒙读本，它通过浅白、通俗的语言以及生动、形象的历史典故把中华民族从古至今所倡导的传统礼仪规范讲述清楚。很多地区的幼儿园、学前教育工作者、幼儿家长，都在自发地基于《弟子规》《三字经》，教育幼儿如何孝顺父母、尊敬师长、诚实守信，如何做事、读书，如何与人友好相处等，积极实施幼儿礼仪教育。

通过优良传统礼仪文化的学习，幼儿能粗浅地理解其中的礼仪内容，了解何为良好的礼仪行为规范，逐步懂得应该怎样做才能符合良好的礼仪行为修养等。例如，幼儿接触了“己所不欲，勿施于人”的道理，逐步就能学会站在别人的立场考虑问题，学会与其他人相处时，要多为他人着想，不要勉强别人去做不愿意做的事等。教师可进一步引导幼儿懂得，朋友之间的相处应该建立在互相尊重的基础上，彼此之间要尊重对方的喜好、对方的需要、对方的劳动等等。比如，其他小朋友的劳动成果如图画、搭的积木等，不能仅仅凭着自己的喜好，不考虑其他小朋友为此付出的辛苦，就把它们随意地破坏或贬损，而是应该懂得欣赏和借鉴。

礼仪心得

附录

一、中国传统节日

1. 春节

春节代表着新的开始与新的希望,春节是中国民间传统中最为隆重和盛大的节日。历朝历代,无论是达官显贵,还是贩夫走卒,所有的中国人都把春节看作是喜庆团聚的好日子。

春节,古时也称元旦、元日、新岁、新正等。据民间习俗,从腊月二十四起到新年正月十五闹元宵止都称为春节。现在春节的庆祝活动一般从大年三十(或腊月二十九)开始。春节期间,家家户户清扫一新,贴春联、贴年画、守岁、放鞭炮、拜年等活动丰富多彩。

扫尘:每年从农历腊月二十三日起到除夕止,我国民间把这段时间叫做"迎春日",也叫"扫尘日"。扫尘就是年终大扫除,北方称"扫房",南方叫"掸尘"。每逢春节来临,家家户户都要打扫环境,清洗各种器具,拆洗被褥窗帘,洒扫六闾庭院,掸拂尘垢蛛网,疏浚明渠暗沟,到处洋溢着欢欢喜喜搞卫生、干干净净迎新春的气氛。

办年货:一到腊月,人们都要上街采办过年的物品,买年画,准备过年的春联。

吃团年饭:团年饭意为一家团圆。腊月的最后一天要全家团聚吃一顿丰富的年饭。凡家中在外地工作或学习的家人都会尽可能赶回家团聚。这顿饭要吃得欢欢乐乐,菜肴吃食也具有吉利的象征意义,如鱼(年年有余)、整鸡(大吉大利)、青菜(清洁平安)、年糕(年年高升)等。吃饭时,不要说丧气的、不吉利的话,不能失手打破碗碟杯盏,不要碰翻椅凳,因为这些会被视为不吉利的征兆。

守岁:除夕之夜,灯火通明,家人围坐一起畅谈,长辈要将事先准备好的压岁钱分给晚辈,“岁”与“祟”谐音,晚辈得到压岁钱就可以平平安安度过一岁。除夕之夜,在我国北方家家都要包饺子。

鞭炮迎新:“爆竹一声除旧,桃符万户更新。”古代燃放鞭炮是为了驱鬼祛邪,而如今则表示节庆欢乐,鞭炮越响,来年家庭财源会越兴旺。

拜年:新年伊始,人们走亲访友,登门拜年互致节日祝贺,联络感情。拜年的习俗各地并不相同,但一般初一上午不走亲访友。出去拜年要穿戴整洁。出门遇到熟人、朋友要恭贺新年,说些吉利话,即使是遇见平时与之开惯了玩笑的人也不能随便开玩笑。见到长辈要行拱手礼,走亲访友要携带礼物。现在有很多城市都不允许燃放烟花,有的人也没有放鞭炮的喜好,所以过年送礼最好不要送鞭炮。

过年时,招待宾客的食物有讲究,通常以谐音讨口彩,比如吃柿子苹果,喻意事事平安;吃年糕则意味着年年高升。

春节期间,人们还经常走上街头,参加舞狮子、耍龙灯、踩高跷、逛花会等娱乐项目。

春节期间也要注意喜庆有度。这一期间热闹的时候比较多,不应为了自己开心而打扰了邻居们休息。春节不仅要拜年,有时候也要恭喜人家喜迁新居,看看新房的格局,参谋一下崭新的家具。如果您是访客,也会有这样的“猎奇”心理,但参观前应该征得主人的同意,等待主人的邀请,而不要主动直接提出参观请求,令主人不好拒绝。在这里要注意,如果受到主人邀请参观,也要跟在主人身后,不要自己去打开房间门,尤其是卧室和主卫的门。

2. 元宵节

农历正月十五是一年中第一个月圆之夜,叫元宵节,又称“上元节”或“灯节”。自唐朝开始,民间就有元宵之夜观灯的风俗。现在元宵节有很多节俗活动。

吃元宵是元宵节最主要的活动。古时候人们把元宵这种食品叫作汤圆、汤团或团子。元宵的形状是圆形,又含着一个“圆”字的意义,象征着团圆、美满、吉祥、和睦的家庭,所以人们多取其意,这一天要吃元宵。

灯会在夜间举行,一般从正月初十就开始行动起来,人人动手,家家户户扎花灯、点花灯,特别是到了元宵节的夜晚时分,更是举烛张灯,结彩为戏,供人观赏,所以元宵节又称“灯节”。在明清时期,花灯的样式最为繁多,数不胜数。现在政府和民间都会组织大型灯会。

3. 清明节

说到清明节，就不得不提这个节日的由来了，清明节的初始阶段，大约是在古代的周代，略算一下也有2 500多年的悠久历史了。而早期的时候，清明节还只是属于汉族人的祭祖节日，不过随着时代的不断发展和人文的不断进步，我国的满族、壮族、瑶族、苗族、土家族等等24个少数民族，也都会在每年的仲春与暮春之交的这一天，过清明节的同时为家中去世的亲人扫墓、祭拜。不过，除了扫墓和祭祖、踏青郊游这些祭拜的过节主题没有变化外，不同的民族在过清明节的时候，还是会有一些习俗方面的不同之处。

"清明时节雨纷纷，路上行人欲断魂"是古代著名诗人为清明节留下的千古流传的佳句。清明时节的这一天，也是亲人相聚洽谈的日子。而在清明节的礼仪习俗文化中，荡秋千、蹴鞠、植树、踏青、放风筝、扫墓等活动，基本上都是和家人一起进行的。所以，清明节就像中国传统节日中的中秋节、春节一样，也是和家人团团圆圆的日子。

而清明节除了荡秋千、扫墓、放风筝等这些比较常见的传统活动外，还有射柳、斗鸡、蚕花会等大多数的人还不是很了解的节日礼仪活动。其中，射柳是一种适合练习射箭技巧的游戏，从明朝时期开始流行至今。而斗鸡这个游戏活动，则是在清朝时期才开始盛行的，而且即使清明节结束到了夏至，斗鸡活动的热潮也依然不减分毫。

对于蚕花会这样的清明节的礼仪活动，人们又会将其区分成摇快船、拜香凳、闹台阁、龙灯、打拳等十多项更细化的活动。而且，蚕花会中的大多数活动，基本上都是在船上进行的，非常具有水乡的民俗特色。

4. 端午节

农历五月初五为端午节，又称端阳节、午日节、五月节、艾节、重午、午日、夏节。相传爱国诗人屈原在农历五月初五这天怀抱石头投汨罗江自尽，两岸百姓知道后，纷纷划船打捞他的尸体，并向江中投放粽子，使鱼虾饱食后不吃他的尸体。此传说历代沿袭下来，演变成如今端午节吃粽子、赛龙舟的习俗。

节日的习俗礼仪有：

挂菖蒲、艾叶：民间特别是农村家庭，门窗上要挂菖蒲、艾叶，用以驱鬼辟邪保平安。虽然这是迷信，但因艾叶、菖蒲具有杀虫、驱寒、消毒之用，故这一习俗一直保持下来。城乡许多家庭都在这一日采集艾叶，以备常年家用。

吃大蒜头、喝雄黄酒：端午节，家庭要备一桌丰盛于平日的饭菜，全家共享。这一餐习惯上要吃大蒜头煮肉，喝雄黄酒。大人会在不能喝酒的孩子额头上沾上雄黄，或画一个“王”字，去病消灾。这种习俗在现代城市已逐渐被人遗忘。

吃粽子：端午节吃粽子是我国民间长久盛行的习俗。早在1 300多年前的唐朝，吃粽子已经流行。在湖南岳阳、益阳一带，端午还兴吃麻花，当地称之为“油绞”，女婿去丈母娘家拜节，也要提一串麻花。据说，吃麻花也是为了纪念屈原。

赛龙舟：当时楚人因舍不得贤臣屈原死去，于是有许多人划船追赶拯救，借划龙舟驱散江中之鱼，以免鱼吃掉屈原的尸体。竞渡之习，盛行于吴、越、楚。

佩香囊：端午节小孩佩香囊，不但有避邪驱瘟之意，而且有襟头点缀之风。香囊内有朱砂、雄黄、香药，外包以丝布，清香四溢，再以五色丝线弦扣成索，作各种不同形状，结成一串，形形色色，玲珑夺目。

5. 七夕节

七夕节最普遍的习俗，就是妇女们在七月初七的夜晚进行的各种乞巧活动。

乞巧的方式大多是姑娘们穿针引线验巧，做些小物品赛巧，摆上些瓜果乞巧，各个地区的乞巧方式不尽相同，各有趣味。

有些地方的乞巧节活动带有竞赛的性质，类似古代斗巧的风俗。近代习俗有穿针引线，蒸巧饽饽，烙巧果子。还有些地方有做巧芽汤的习俗，一般在七月初一将谷物浸泡水中发芽，七夕这天，剪芽做汤，该地的儿童特别重视吃巧芽。还有用面塑、剪纸、彩绣等形式做成装饰品等就是斗巧风俗的演变。而牧童则会在七夕之日采摘野花挂在牛角上，叫做“贺牛生日”(传说七夕是牛的生日)。

有的地区还组织“七姐会”，各地区的“七姐会”聚集在宗乡会馆，摆下各式各样鲜艳的香案，遥祭牛郎织女，香案都是纸糊的，案上摆满鲜花、水果、胭脂粉、纸制小型花衣裳、鞋子、日用品和刺绣等，琳琅满目。不同地区的“七姐会”便在香案上下工夫、比高下，看谁的制作精巧。今天，这类活动已为人遗忘，只有极少数的宗乡会馆还在这个节日设香案，拜祭牛郎织女。香案一般在七月初七就备妥，傍晚时分开始向织女乞巧。

七夕乞巧的应节食品，以巧果最为出名。巧果又名“乞巧果子”，款式极多。主要的材料是油、面、糖、蜜。《东京梦华录》中称之为“笑厌儿”“果食花样”，图样则有捺香、方胜等。宋朝时，街市上已有七夕巧果出售。巧果的做法是：先将白糖放在锅中熔为糖浆，然后和入面粉、芝麻，拌匀后摊在案上捍薄，放凉后用刀切为长方块，最后折为梭形巧果胚，入油炸至金黄即成。手巧的女子，还会捏塑出各种与七夕传说有关的花样。

此外，乞巧时用的瓜果也有多种变化，或将瓜果雕成奇花异鸟，或在瓜皮表面浮雕图案，此种瓜果称为“花瓜”。

直到今日，七夕仍是一个富有浪漫色彩的传统节日。但不少习俗活动已弱化或消失，唯有象征忠贞爱情的牛郎织女传说一直流传民间。

6. 中秋节

农历八月正好在秋季的中间，古人谓“仲秋”，八月十五又在“仲秋”之中，所以称“中秋”。恰逢此日又与月有关，故中秋节就有了许多别称：八月节、八月半、月节、月夕，继而引申为以圆月为象征的“团圆节”。人们邀请亲朋好友，夜饮玩月，连回娘家的媳妇这天都必须返还夫家。

中秋晚上，我国大部分地区有烙“团圆”的习俗，即烙一种象征团圆、类似月亮的小饼子，即月饼。饼内包糖、芝麻、桂花和蔬菜等，外压月亮、桂树、兔子等图案。祭月之后，由家中长者将饼按人数分切成块，每人一块，如有人不在家即为其留下一块，表示阖家团圆。

7. 重阳节

农历九月九日，是我国传统的重阳节，又名重九节、登高节、菊花节、茱萸节。我国古代把九定为阳数，农历九月九日，月日并阳，两阳相重，两九相叠，故名“重阳”，又名“重九”。

每到这一天，人们出游登高，赏菊花，饮菊花酒，佩茱萸，吃重阳糕。时至今日，一些地区仍保存着这种风俗。政府还把重阳节定为“敬老节”，向老年人表达敬意之情并帮助他们解决困难等。

二、世界节日

1. 世界问候日

11月21日是“世界问候日”，对于每个人来说这都是一个温馨的节日，我们需要做的很简单，向每个遇到的人发出真挚的问候，或是传递一个甜美的微笑，就会把快乐带给整个世界。这个温馨浪漫的节日，能让在城市中忙碌的人们感受到别人的关怀，促进人与人之间的和谐关系，共同建设和谐社会。

世界问候日的来历：

1973年11月21日，为促进埃及和以色列之间的和平，澳大利亚人姆可马克与米切尔兄弟两人，自费印刷了大量有关问候的宣传材料寄给世界各国政府首脑及世界知名人士，向他们阐述设立“世界问候日”的重要意义，扩大“世界问候日”的影响，第一个“世界问候日”诞生了。

世界问候日的宗旨：

截至2012年11月21日，39年过去了，世界问候日的宗旨也由最初的通过寄发问候信，呼吁和劝告有关领导人放弃军事手段，以和平方式解决分歧，呼吁世界名流为促进世界和平发挥作用，发展成为以促进人类相亲相爱为主题。

现在已有146个国家响应世界问候日，世界问候日已成为一个全世界祈祷和平的节日。联合国还曾经发行过一套“世界问候日”邮票，希望人们借助信件传递友爱，给每个人都带去一片好心情。

每个人都可以分享这个温馨的节日，而要做的只是向每个人发出问候，这代表人与人之间的交流对维护世界和平所起到的重要作用。

世界问候日已经成为普通人之间互发问候，在不同种族、不同文化层间促进理解、促进感情的一个重要节日！

2. 母亲节

5月的第二个星期日是敬重母亲、弘扬母爱的母亲节，在这一天世界各地都举行庆祝活动，以颂扬母爱的伟大。母亲节已成为一个约定俗成的国际性节日。

母亲节起源：

母亲节的倡议起源于美国西弗吉尼亚州嘉芙顿城的一家主日学校。

1876年，美国还在悲悼南北战争的死者。安娜·查维斯(Anna Jarvis)夫人在礼拜堂讲授美国国殇纪念日的课程，讲到战役中捐躯的英雄故事后，她进行祈祷时说：“但愿在某处、某时，会有人创立一个母亲节，纪念和赞扬美国与全世界的母亲。”

查维斯夫人为她的礼拜堂服务超过25年，当她在72岁逝世时，41岁的女儿安娜立志创立一个母亲节，来实现母亲多年前的心愿。

安娜先后写信给许多有名望的人物，要求他们支持设立母亲节，以发扬孝道，初时反应冷淡，但她不气馁，继续向各界呼吁。

1907年5月12日，安德烈卫理教堂应安娜之邀为母亲们举行一个礼拜仪式。隔年，此仪式在费城举行，反应热烈，终于获得宾夕法尼亚州州长支持，并于1910年宣布在该州设立母亲节。

接着，美国多个州和加拿大、墨西哥等先后对母亲节给予认可，举行庆祝仪式。

到了1914年，美国总统威尔逊提请国会通过决议案，将母亲节定为全美国的节日，并促请人们“公开表示我们对母亲的敬爱”。世界各地相继仿效，遂成为“国际母亲节”。

安娜原建议以她母亲的逝世日5月10日作为母亲节的日期，但后为方便人们共叙天伦，便选定在5月的第二个星期日为母亲节。

世界各国庆祝母亲节：

法国首次庆祝母亲节是在1928年，节日定在5月的最后一个星期日。节日这一天，数以百万计的妈妈们，怀着喜悦的心情接受各自子女们的“节日愉快”的美好祝愿。

阿拉伯地区的许多国家的母亲节定在3月21日春分这一天。当地人认为春分是春天开始、一年之始，以此表示母亲的伟大。葡萄牙人的母亲节在12月8日，而印度尼西亚则定在12月22日。

日本的母亲节也是5月的第二个星期日。节日里人们送给母亲一枝红石竹表示祝贺。

泰国于1976年宣布8月12日为母亲节。这一天也是泰王后丽吉的生日。节日里，全国要开展“优秀母亲”的评选活动。儿女们手持芳香馥郁的茉莉花，献给自己的母亲。

母亲节之花康乃馨：

在母亲节，许多人将康乃馨赠给母亲，这源于1934年5月美国首次发行的母亲节纪念邮票。邮票上一位慈祥的母亲，双手放在膝上，欣喜地看着前面的花瓶中一束鲜艳美丽的康乃馨。随着邮票的传播，在许多人的心目中母亲节与康乃馨联系了起来，康乃馨便成为象征母爱之花，受到人们的敬重。人们把思念母亲、孝敬母亲的感情，寄托于康乃馨上，康乃馨于是成为赠送母亲不可缺少的珍贵礼品。

3.“五一”国际劳动节

“五一”国际劳动节亦称“五一节”，在每年的5月1日。它是全世界无产阶级、劳动人民的共同节日。

此节源于美国芝加哥城的工人大罢工。1886年5月1日，芝加哥的216 000余名工人为争取实行8小时工作制而举行大罢工，经过艰苦的流血斗争，终于获得了胜利。为纪念这次伟大的工人运动，1889年7月“第二国际”宣布将每年的5月1日定为国际劳动节。这一决定立即得到世界各国工人的积极响应。1890年5月1日，欧美各国的工人阶级率先走向街头，举行盛大的示威游行与集会，争取合法权益。从此，每逢这一天，世界各国的劳动人民都要集会、游行，以示庆祝。

中国人民庆祝劳动节的活动可追溯至1918年。这年，一些革命的知识分子在上海、苏州、杭州、汉口等地向群众散发介绍“五一”的传单。1920年5月1日，北京、上海、广州、九江、唐山等各工业城市的工人群众浩浩荡荡地走向街市，举行了声势浩大的游行、集会，这就是中国历史上的第一个五一劳动节。新中国成立后，中央人民政府政务院于1949年12月将5月1日定为法定的劳动节，这日全国放假一天。节日当天，举国欢庆，人们换上节日的盛装，兴高采烈地聚集在公园、剧院、广场，参加各种庆祝集会或文体娱乐活动，并对有突出贡献的劳动者进行表彰。

1886年4月，25万工人参加了游行示威活动。此项活动由非政府国际工人联合会组织，活动的中心在芝加哥，商人和政府对这次活动愈来愈表现出的革命性感到恐惧，当地商界首脑要求增加警察和军队的数量。芝加哥商业俱乐部购买了2 000美元的枪支用于警戒对付这次罢工。5月1日当天的游行活动得到了芝加哥纺织工人、制鞋工人、房屋装修工人的支持。5月3日，警察开始向罢工的人群开枪，打死打伤四人，一些非政府人士号召第二天在[干草市场(Hay market)]广场集会抗议政府的暴力镇压。

这场集会的过程中没有发生什么事件，但在最后一位讲演者登上讲台时，天下起了雨，广场上只剩下几百人，180名警察进入广场疏散人群，这时一颗炸弹飞向警察中间，炸死1名警察，炸伤7名警察，警察立即向人群开枪，打死1名，打伤多名群众。

由于无法断定是谁扔的炸弹，这个事件成了攻击劳动节游行活动的把柄，警察查抄怀疑对象的家和办公室，有数百人在未指控情况下被逮捕，尤其是那些此次活动的领导者被袭击，8名芝加哥活动的积极倡导者被指控涉嫌广场炸弹事件和企图谋反，法庭在证据不足的情况下开庭审判，判决其中4人于1887年11月11日绞刑(另一名自杀于狱中，其他三名直到1893年才被释放)。

这场斗争虽然被镇压了，但其意义却十分深远，此后由于各国工人阶级的团结和不断斗争，终于赢得了8小时工作制和劳动节。

1921年“五一”前夕，在北京的共产主义小组成员邓中夏等人创办的长辛店劳动补习学校里，工人们学唱《五一纪念歌》。其歌词是：“美哉自由，世界明星，拼吾热血，为他牺牲，要把强权制度一切扫除净，记取五月一日之良辰。红旗飞舞，走光明路，各尽所能，各取所需，不分贫富贵贱，责任唯互助，愿大家努力齐进取。”这首雄壮有力的歌，是由长辛店劳动实习学校的教员和北京大学的进步学生共同创编而成的。

4. 世界地球日

世界地球日(World Earth Day)即每年的4月22日，是一个世界性的环境保护活动日。世界地球日最初在1970年由美国的盖洛德·尼尔森和丹尼斯·海斯发起，随后影响越来越大。活动宗旨在于唤起人类爱护地球、保护家园的意识，促进资源开发与环境保护的协调发展，进而改善地球的整体环境。

由于环境保护运动在世界范围内兴起，1990年第二十届地球日活动的组织者希望将这一美国国内的运动向世界范围扩展，为此他们致函中国、美国、英国三国领导人和联合国秘书长，呼吁他们采取措施，举行会晤缔结关于环境保护议题的多边协议，协力扭转环境恶化的趋势；同时地球日的组织者还呼吁全世界愿意致力环境保护的政府在1990年4月22日各自动员国民开展环境保护运动。地球日活动组织者的倡议得到了亚洲、非洲、美洲、欧洲许多国家和众多国际性组织的响应，最终在1990年4月22日全世界有来自140多个国家的逾2亿人参与了地球日的活动，参与团体举办座谈会、游行、文化表演、清洁环境等活动来倡导地球日精神，并进一步向政府施压，期盼引发更多关注与政策的制定。从此以后世界地球日成为全球性的环境保护运动纪念日。

5. 愚人节

愚人节也称万愚节，是西方民间传统节日，节期为每年4月1日。愚人节与古罗马的嬉乐节(Hilaria，3月25日)和印度的欢悦节(Holi，到3月31日为止)有相似之处。在时间的选择上，似乎与春分(3月21日)有关。在这段时间，天气常常突然变化，恰似是大自然在愚弄人类。

愚人节的起源：

愚人节的起源众说纷纭。

1564年，法国国王查理九世决定采用新改革的纪年法——格里高利历(即目前通用的阳历)，以1月1日为一年的开始，改变了过去以4月1日为新年开端的做法。但一些守旧派反对这种改革，依然按照旧的历法在4月1日这天送新年礼，庆祝新年。主张改革的人将守旧派这些做法大加嘲弄，在4月1日给他们送假礼物，邀请他们参加假的聚会，从此，4月1日捉弄人便流传开来。当人上当受骗的时候，捉弄他的人会大声叫“四月之鱼”，意为”四月恶作剧”。这句成语的由来与原来的意义已不清楚。

据英国历史学家的考证：“愚人节”的起源乃是出于印度佛教那句“到达彼岸”的话。而英人百科全书里面则记载着：“愚人节”乃是公元15世纪宗教革命之后始出现的一个说谎节日。那时西班牙王腓力二世曾经建立一个“异端裁判所”，只要不是天主教徒就被视为异端，在每年四月一日处以极刑，也就是死刑。臣民们感到非常恐怖，于是每年的这一天以说谎取笑为乐，来冲淡对统治者的恐惧与憎恨。其后，沿用日久，演变为今日之“愚人节”。

根据基督教徒的说法：“愚人节”是为了纪念耶稣受难的日子，耶稣被钉死在十字架之前，被迫到处奔走，后人以4月1日这一天来纪念他无辜地被人活活钉死这一事件，其实含有警惕之意义。

愚人节的习俗：

愚人节时，人们常常组织家庭聚会，用水仙花和雏菊把房间装饰一新。典型的传统做法是布置假环境，可以把房间布置得像过圣诞节一样，也可以布置得像过新年一样，待客人来时，则祝贺他们“圣诞快乐”或“新年快乐”，令人感到别致有趣。

4月1日的鱼宴，也是别开生面的。参加鱼宴的请帖，通常是用纸板做成的彩色小鱼。餐桌用绿、白两色装饰起来，中间放上鱼缸和小巧玲珑的钓鱼竿，每个钓竿上系一条绿色飘带，挂着送给客人的礼物或是一个精巧的赛璐珞鱼，或是一个装满糖果的鱼篮子。不言而喻，鱼宴上所有的菜都是用鱼做成的。

在愚人节的聚会上，还有一种做假菜的风俗。有人曾经描述过一个典型的愚人节菜谱：先是一道“色拉”，莴苣叶上撒满了绿胡椒，但是把叶子揭开后，才发现下面原来是牡蛎鸡尾酒；第二道菜是“烤土豆”，其实下面是甜面包屑和鲜蘑；此后上的菜还有用蟹肉作伪装的烧鸡和埋藏在西红柿色拉下面的覆盆子冰激凌。饭后，客人还可以从药丸盒里取食糖果。

不过，愚人节最典型的活动还是大家互相开玩笑，用假话捉弄对方。有的人把细线拴着的钱包丢在大街上，自己在暗处拉着线的另一端。一旦有人捡起钱包，他们就出其不意地猛然把钱包拽走。还有人把砖头放在破帽子下面搁在马路当中，然后等着看谁来了会踢它。小孩们会告诉父母说自己的书包破了个洞，或者脸上有个黑点。等大人俯身来看时，他们就一边喊着“四月傻瓜”，一边笑着跑开去。总之，每逢愚人节这一天，动物园和水族馆还会接到不少打给菲什(鱼)先生或莱昂(狮子)先生的电话，常常惹得工作人员掐断电话线，以便减少麻烦。

6. 地球一小时

地球一小时(Earth Hour)是世界自然基金会(WWF)应对全球气候变化所提出的一项全球性节能活动,提倡于每年3月最后一个星期六的当地时间晚上20:30,家庭及商界用户关上不必要的电灯及耗电产品一小时。

地球一小时活动起初只是一项号召悉尼居民关灯的活动,逐渐发展壮大成为全球最大的应对气候变化行动。

"地球一小时"这一活动率先于2007年在澳大利亚展开,当时大约有220万悉尼家庭和企业熄灯一小时。然而仅仅一年以后,"地球一小时"已成为一项全球性并持续发展的活动,超过35个国家多达500万人参与其中。全球各大城市的地标性建筑,如旧金山的金门大桥,罗马斗兽场及时代广场上的可口可乐广告牌等都为此而伫立于黑暗之中,各城市居民也表达了对刻不容缓的环保事业的热忱希望。

"地球一小时"象征着希望,也代表着行动。每个人都能让一切从此改变。

加入到2020年"地球一小时"的行列中来吧!你只需在2020年3月28日晚上8:30关掉电灯。

7. 国际志愿者日

1985年,第四十届联合国大会通过决议,从1986年起,每年的12月5日为"国际促进经济和社会发展志愿人员日"(简称"国际志愿者日")。其目的是督促各国政府通过庆祝活动唤起更多的人以志愿者的身份从事社会发展和经济建设事业。

联合国志愿人员组织成立于1970年12月,总部设在日内瓦。中国自1981年起同该组织合作。

志愿服务泛指利用自己的时间、自己的技能、自己的资源、自己的善心为邻居、社区、社会提供非营利、无偿、非职业化援助的行为。1985年联合国大会把每年的12月5日规定为国际志愿者日(IVD),如今已有100多个国家在这一天集中开展志愿服务活动,国际志愿者日作为国际志愿服务活动的重要标志已经深入人心。1997年11月20日,第52届联合国大会通过了包括中国在内的123个国家提交的52/17号提案,决定把2001年确定为国际志愿者年。正是多年来"国际志愿者日"活动的成功开展,为国际志愿者年的确定奠定了基础。国际社会对国际志愿者日的欢迎和肯定激发了确定国际志愿者年的思想,用足足一年的时间,而不是更短的时间来促进志愿服务,使活动超越各国政府和联合国的范围,影响到社会的各个方面,已经成为世界各国的共识。

中国的志愿服务主要是由政府组织以及成千上万的较小规模、自下而上的社区基层组织这两方面的力量所推动的。通过志愿活动,志愿者不仅使他们所服务的社区受益,而且令自身受益。志愿者能够通过志愿服务来增强自己对他人的关爱之心和领导能力、管理能力以及沟通技巧。志愿服务通过教导人们要有责任心以及促进互信和谐,让整个社会更有凝聚力。据统计,我国注册志愿者人数达到2 511万人。

参 考 文 献

[1]波斯特.西方礼仪集萃[M].齐宗华,等译.北京:三联书店,1991

[2]程维薇.教师礼仪实训教程[M].成都:西南交通大学出版社,2016

[3]杜威.道德教育原理[M].王永绪,等译.杭州:浙江教育出版社,2003

[4]郭娅玲.中小学教师礼仪[M].长沙:湖南师范大学出版社,2001

[5]金正昆.社交礼仪教程[M].北京:中国人民大学出版社,1998

[6]金正昆.教师礼仪概论[M].北京:北京大学出版社,2007

[7]金正昆.教师礼仪规范[M].2版.北京:中国人民大学出版社,2014

[8]李黎,吕鸿.师德与教师礼仪[M].北京:高等教育出版社,2011

[9]李兴国,田亚丽.教师礼仪[M].上海:华东师范大学出版社,2006

[10]刘金同,陈永顺,田桂芹.实用社交礼貌礼仪教程[M].北京:北京大学出版社,2007

[11]刘维俭,王传金.现代教师礼仪教程[M].南京:南京师范大学出版社,2006

[12]彭林.中国古代礼仪文明[M].北京:中华书局,2013

[13]唐志华.教师礼仪修养[M].北京:北京师范大学出版社,2012

[14]王炜民.中国古代礼俗[M].北京:商务印书馆,1997

[15]张岩松.现代礼仪教程[M].北京:清华大学出版社,2015